Como é gostoso o meu inglês

Cátia Moraes

Como é gostoso o meu inglês

BestSeller

CIP-BRASIL. CATALOGAÇÃO-NA-FONTE
SINDICATO NACIONAL DOS EDITORES DE LIVROS, RJ.

M818c
Moraes, Cátia
Como é gostoso o meu inglês: 40 dias de aventura e aprendizado no exterior / Cátia Moraes. – Rio de Janeiro: Best*Seller*, 2010.

ISBN 978-85-7684-270-5

1. Moraes, Cátia. 2. Mulheres jornalistas – Brasil – Biografia. 3. Londres (Inglaterra) – Descrição e viagens. 4. Língua inglesa – Estudo e ensino. I. Título.

10-0555
CDD: 923.254
CDU: 929:32(540)

Texto revisado segundo o novo Acordo Ortográfico da Língua Portuguesa.

Título original
TUPI OR NOT TUPI

Fotos de capa: Cátia Moraes
Capa: Sérgio Campante
Diagramação: **editoriarte**

Direitos exclusivos de publicação em língua portuguesa para o Brasil reservados pela
Editora Best Seller Ltda.
Rua Argentina, 171, parte, São Cristóvão
Rio de Janeiro, RJ – 20921-380

Impresso no Brasil

ISBN 978-85-7684-270-5

Dedicatórias

Há um ditado no futebol que diz que o pênalti é tão importante que deveria ser batido pelo presidente do clube.

Seguindo o mesmo raciocínio, penso que a dedicatória e os agradecimentos são tão especiais que os livros ficariam capengas sem eles. Portanto, caríssimos leitores, eu vos peço, do fundo de meu coração, toda a paciência e compreensão.

À s possibilidades das "viagens"
M aravilhosas
À intimidade da família,
D ivino encontro de afeto, comunhão, alegria.
O s Moraes, Vieira, Leonel, Ferreira, Rodrigues,
S upremo scratch de avós, tios, tias, primas, primos, sobrinhos

I love all of you, a lot!

And...

À minha, à "nossa", de minhas amigas e tantos outros, extraordinary person and mom, Laercy... always, always, always.

À minha "Flô" (Flor ou Frô), Luca, se abrindo em pétalas coloridas de paixão pela vida... ever and ever.

Ao meu daddy Roberto e meu brother Beto, os mais amorosos mens all over the world.

Ao meu tio, Cláudio, a quem amo e com quem converso como se fosse my daddy, thank you...

Ao Renato, parceiro do gift maior, Luiza, companheiro de escritas, intensidades, nebulosidades, grande caráter, ex-marido, amigo forever...

Magnificent, splendid, lovely agradecimentos...

Aos queridos amigos que deram vida, graça e cumplicidade à comunidade do orkut News from Oxford: Renata, Rejane, Tia Chiquinha, Marcos, Aurélio, Carlos, Manoel, Luck, Marcinha, Jack, Andréia, Therê, Lourdes e Michael.

Aos especialíssimos friends da comunidade do orkut "Eu tomo antidepressivo, graças a Deus!"

À nobre e honrosa participação de meus "fudungos" (sobrinhos), Breno e Milena (Mimica). Ao apoio, ao carinho e às leituras de trechos deste livro por minha amada prima, Silvia Helena.

Às queridíssimas editoras, Luciana Villas-Boas, que acreditou no projeto, e Beatrice Araújo, que o editou, com as quais tem sido sempre possível trocar, aprender, empreender.

And, the last one...

Ao pensador, escritor, editor, provocador, tradutor, inovador, polêmico, visionário, José Bento Monteiro Lobato, a quem reverencio como amante das letras e do pensamento livre.

Como tradutor, ele nos trouxe joias literárias como Peter Pan, Robinson Crusoé, Tom Sawyer, Huckleberry Finn, Gulliver, Hércules, Sherlock Holmes, Alice no País das Maravilhas, entre tantos outros.

Ele dizia: "O certo em literatura é escrever com o mínimo possível de literatura. A mim me salvaram as crianças. De tanto escrever para elas, simplifiquei-me." E mais: "Tudo é loucura ou sonho no começo. Nada do que o homem fez no mundo teve início de outra maneira, mas já tantos sonhos se realizaram que não temos o direito de duvidar de nenhum."

De agora em diante, "como meu mestre mandou", a materialização de um sonho na "terra encantada" que ele mesmo nos traduziu e apresentou. Cheers, José Renato.

Autobiografia de uma viajante (ao "estilo" Monteiro Lobato)

Nasceu no ano de... eu, hein! Nasceu e cresceu na Cidade Maravilhosa. Maravilhada. Família, amigos, geleia de mocotó, bicicleta Monark, Leblon. Liberdade.

Jogava pelada — peladas, partidas de futebol — na rua. Dava botinadas nos meninos. Gratuitamente. Bota ortopédica medonha, alguém tinha de pagar a conta, ora.

Virou menina pelos 12, 18, 24? Repórter de coragem, subia morro atrás da polícia. Medrou aos 30, quando chegou Luiza, bela cria. Criatividade em pessoa, aos 19 (benza Deus!).

Anos passaram. Meteu-se em empreitada duvidosa: fazer livro.

Pegou vício. Escreveu cinco, quatro na praça, um hibernando, outros querendo ganhar mundo.

Chegada à gente. Conversa (até fiada). Debate. Poucos amigos. Caipirinha de capim-santo (erva-cidreira), "santo" bar de Piraju. Minha Ítaca não carece de acento. Perfeita oxítona. Mágico invento.

Cética. Acredita firmemente em fidelidade – canina. Adora "tassolos". Fala com eles na língua do "t". Não sabe por quê.

Gosta também de outros bichos, inteligentes, impetuosos, nem tão musculosos.

Vive na (a)diversidade. Mora na reflexão.

Ô, consumição.

Tem horas que não se aguenta. Precisa de férias. De si mesma. Ainda não achou solução.

Cheia de planos. Inclinados, transversais, paralelos. Todos com palavras. Escritas e faladas. Enroladas e domesticadas. Traduzidas e publicadas.

Voou longe, pelas bandas de United Kingdom, rumo às traduzidas. Nem tão domesticadas... De seduzida, ficou apaixonada. E, encafifada: este belo idioma, como é falado? Sotaque britânico ou americanizado?

Teacher respondeu que inglês é um só, o que interessa é ser falado, comunicado, ainda que errado. Faz parte do aprendizado.

So, sorry, apologize, pardon, se algumas "traduzidas" soarem emboladas, engalfinhadas, mais adiante. A língua do bardo não se aprende num rompante. Exige esforço, concentração, memória, accent elegante.

Só não duvidem das intenções da moça. Essa história com as letras é casamento sério. Com critério. E fiança.

Ler, escrever, viajar, aprender, viver, com vontade e com tropeço. Fazer poesia, fazer prosa. Virar mundo do avesso.

José Bento, público, leitor, leitora. Há esperança.

Welcome à contradança!
Writing is the best revenge.
Escrever é a melhor vingança.

Cátia (com C) Moraes

Sumário

CAPÍTULO UM

De "Realityland" para "Wonderland"

Final de tarde, estava procurando vaga em Ipanema para ir ao banco retirar dinheiro – coisa de cinco minutinhos –, quando finalmente avistei uma na esquina. Maravilha. Assim que estacionei, saltei e tranquei o carro, a realidade apareceu. De roupa surrada e um sorriso de dentes maltratados.

– Ô, coleguinha, pode dar uma contribuição pra gente? – perguntou o "flanelinha".

– Volto em cinco minutos – respondi, apressada.

– Então, se a gente merecer, a coleguinha dá alguma coisa – ainda ouvi, de longe, o pedido do "colega", em tom educado, diria até educadíssimo para o padrão carioca de ser.

Dois dias, ou quarenta e oito horas depois, a muitas milhas de distância, sentada num auditório repleto de pessoas com meu student handbook (guia do estudante) no colo, ouvi a primeira palestra – a de boas-vindas – do diretor da escola. Depois de apresentar a si próprio e à sorridente vice-diretora, ele perguntou quais eram as duas palavras mais importantes em inglês. Silêncio no auditório. Ele esperou um pouquinho e selou:

– The most importants words in english: please and thank you.

Nas cinco semanas seguintes, pude atestar que as palavras do diretor ao grupo que chegava para uma temporada de estudos não tinham qualquer exagero. A essas duas words (palavras), poderiam ser acrescentadas: pardon, sorry (com as variantes so sorry e I'm sorry), excuse me, apologize (desculpe) e appreciate – a bela variante de thank you. E não só antes de pedir um favor. Fala-se pardon ou excuse me ao se aproximar do outro para dizer ou perguntar algo, ou depois de um levíssimo esbarrão, quase imperceptível, ou antes de fazer perguntas ao professor em sala de aula, como ensinou um deles no primeiro dia, ao ouvir a pergunta do aluno.

– Teacher, I don't understand... (Professor, eu não entendo...)

– Teacher, what? – interrompeu o professor, educadamente. (Professor, o quê?)

O aluno engasgou, mas the teacher suavizou.

– It's not polite. You should say "excuse me", or "pardon", or "please, teacher", before "I don't understand". (Isso não é educado. Você deveria dizer "desculpe" ou "por favor, professor", antes de "eu não entendo".)

Entendido. Levaríamos um tempo para desenvolver o hábito com os professores, as pessoas e os colleagues (colegas). Coleguinhas, jamais. E nada de intimidades. Começava uma intensa e produtiva temporada de "aprendimento", misto de aprendizado e deslumbramento, na cidade que escolhi para fazer um curso intensivo de inglês por cinco semanas. Eu e centenas de adultos e, principalmente, de jovens de várias partes do mundo, que vinham para temporadas que duravam de duas semanas a nove meses em busca de aprendizado elementar ou de aprimoramento em gramática, fluência, escrita.

De minha parte, deveria ter feito isso antes. Mas, antes tarde do que mais tarde. Viver uma experiência como essa é sedutor – e assustador. Como já me assustei com muita coisa na vida, cheguei plena de sedução e curiosidade. Open minded (mente aberta). Coração também. Não demorei a me sentir... o quê, mesmo?

Buscava uma definição para o bem-estar que me acometeu desde o momento em que cheguei à cidade. Não, eu não era uma estrangeira. Nunca me senti assim. Tampouco me sentia turista. In fact ("de fato", amei essa expressão à primeira vista), estava orgulhosa de ser estudante e moradora, ainda que temporária. Observava com olhos de forasteira e me sentia como... vizinha, inquilina. Não havia estranhamento. Seria estranho?

Em pouco tempo eu desmitificaria fantasias, mitos, e me encantaria com deliciosas surpresas. Tal como a menina curiosa que desvendou um novo mundo quando seguiu um coelho maluco e caiu num reino encantado em algum ponto da cidade. Eu também esperava viver aventuras nesse lugar que se desvelaria como a perfeita tradução de Wonderland, o maravilhoso "país" da menina Alice (*Alice's adventure in Wonderland*, de Lewis Carrol, 1865), enquanto a renitente bruma das manhãs recobria minha memória e as desventuras de minha "Realityland" (meu amado Rio de Janeiro). Eram muitas mudanças de uma vez. Outro país, outra cultura, outro idioma que eu não dominava. E era tudo o que eu queria: uma vida a mais.

Não foi por falta de conselho da mãe.

– Vai estudar inglês, minha filha. É importante, você vai precisar.

E a filha, nada. Só queria saber de francês: Monsieur Thibault e Madame Thibault, comment allez vous, que l'heure est' il?', aprendia nos livros do Primeiro Grau (hoje Ensino Fundamental). Mal prestava atenção nas aulas de inglês. Era uma implicância que não tinha explicação racional. Não gostava and... the end. Nas provas, dava cola de francês para duas amigas e uma delas retribuía com as dicas de inglês. Tudo resolvido. Muito pouco ou quase nada aprendido da língua do "bardo".

Nem parecia que tinha estudado boa parte da infância no disputado Colégio Shakespeare, no Jardim Botânico, Zona Sul do Rio, numa época em que os colégios públicos eram maciçamente frequentados pela classe média. Os particulares eram privilégio para poucos. Tinha aprendido a escrever cedo a complicada palavra, nos cabeçalhos de cada aula. E para decorá-la, pensava na hora de escrever: "Chaquespeare". Ou seja, no "confronto direto", poderia-se dizer que Monsieur Thibault, insosso personagem dos livros didáticos de francês, ganhou de longe do tal Chaquespeare.

Na verdade, até havia um álibi para a recusa de entrar num curso de inglês: a situação financeira da família era apertada. Apertadíssima. Mesmo assim, a mãe, ex-professora de inglês, continuava batendo na mesma tecla para os filhos adolescentes (o irmão também preferia francês e ainda estudava latim no colégio). Mas, nada feito.

Na faculdade, a questão tomou "viés ideológico". Corria o final dos anos 1970, a distensão lenta, gradual e segura, a redemocratização, o Brasil real mostrando sua cara, "ela" ia se alinhar com o imperialismo americano? Bem, não chegou a tanto, mas até que não seria um argumento descartável na época.

Vida que segue, virou jornalista e se virava com o "portunhol", mas o inglês... chateação, preguiça, resistência. Na primeira viagem internacional, a última escala seria de cinco dias em Nova York, depois de 25 aprazíveis dias entre Miami, México e Cuba. Chegou cansada a Manhattan, teria de arrastar duas malas enormes. Malas? Que malas? Não vieram no mesmo voo. Se extraviaram.

O imprevisto foi pior do que pensava: com seu parco inglês, foi difícil se entender com o pessoal da companhia aérea. Lançou mão do portunhol, de algumas palavras em inglês; os funcionários se irritaram, ela se enervou, mas, enfim, graças a um funcionário latino, as duas partes se entenderam. Deram-lhe um telefone da companhia para receber informações sobre as malas, se é que as veria novamente.

Chegou ao hotel barato à noite, barriga vazia, sem ânimo de sair para jantar. Comeu parte do pote de castanhas distribuído no voo. Pouco depois, não conseguia mais sair do banheiro. Seriam as castanhas? A famosa comida mexicana? A solidão da metrópole, sem malas, sem mãe, sem inglês? Como a situação não melhorava, recolocou o sapato de salto e a única roupa de que dispunha – saia e blusa – e saiu atrás de uma farmácia que estivesse aberta àquela hora.

Onze da noite, quarteirões vazios, coração acelerado, caminhou uma eternidade até encontrar uma aberta. Parou a distância, sem saber como explicar o problema. Enquanto esperava que os outros clientes saíssem, pensava na melhor forma de elaborar a indefectível pergunta. Recorreu ao bendito livro, que trazia a palavra-chave e sua pronúncia. Não fosse isso, jamais saberia dizê-la. Treinou, treinou, tomou coragem, finalmente entrou na farmácia e pediu, de um só fôlego:

– Do you have something for diarrhoea?

Temeu que o rapaz não entendesse a pronúncia de "daioría" (diarreia). O atendente entendeu de primeira, foi lá para dentro e voltou com uma caixa de comprimidos, dizendo algo como "este é muito bom". Ela agradeceu e saiu aliviada, quase feliz. Grande "Inglês para viagem", o livrinho que ensinava a pronúncia das palavras. O resto da frase, justiça seja feita, foi de autoria dela. Voltou ao hotel e, para sacramentar a "cura", tomou logo dois comprimidos.

No dia seguinte, conseguiu reaver as malas, graças à ajuda de uma amiga brasileira que morava na cidade e serviu de interlocutora com a companhia aérea. Cinco dias depois, voltou ao Brasil, e ficou mais cinco sem ir ao toilet. Remédio tiro e queda, bom até demais. O sufoco da noite nova-iorquina ficou na lembrança dos piores momentos. Não passaria mais por esse tipo de situação. O Inglês para viagem traduzia palavras, mas não desenvolvia diálogos. Precisava dar um jeito nisso, prometeu a si mesma.

O curso no exterior oferecia aulas de manhã e à tarde, com alguns tempos vagos. A classificação inicial seria feita por meio de um teste e os estudantes poderiam optar por mais aulas de gramática, conversação ou escrita, conforme suas necessidades. Também havia o chamado ILAB – exercícios no computador, em formato interativo, sobre cada lição ensinada pelos professores em sala. The exercises incluíam filmes, falas, escrita e jogos, sob a supervisão de um professor. Por fim, fazia parte do conteúdo uma atividade chamada Lecture (Palestra). Seria uma por semana, sobre diferentes temas que os alunos escolheriam, segundo o programa do curso.

A avaliação seria feita por testes (geralmente mensais) e também pelo desempenho em sala de aula. Para passar ao próximo level (nível), portanto, o aluno dependeria dos testes e da avaliação do professor. No sistema implantado pela escola, existiam oito níveis: Beginner (Iniciante), Elementary (Elementar), Pre-intermediate (Pré-intermediário), Intermediate (Intermediário), Upper Intermediate (Pós-intermediário), Pre-advanced (Pré-avançado), Advanced (Avançado) e Academic Proficiency (Proficiência Acadêmica).

No final do curso, fosse de duas semanas ou de meses, o aluno recebia um certificado com a avaliação de todas as etapas (ou semanas). As aulas, de segunda a sexta, começavam às 8h45 e iam até as 13h, com intervalos de 15 minutos. À tarde, recomeçavam às 14h e terminavam às 17h, com os mesmos intervalos, fundamentais para um café, um chá, um papo, uma zapeada na internet. Very interesting.

Prometeu e cumpriu. Alguns cursos, "ela" frequentou durante alguns meses. Outros, nem isso. Abandonava-os na fase elementar, com um inglês rudimentar. Tentou retomar anos mais tarde, mas sempre havia um problema no método, ou no(a) professor(a), ou na turma. No penúltimo curso, chegou mesmo a se indignar: as alunas, adultas, não só conversavam em português, como falavam no mesmo idioma com a professora, que, por sua vez, tirava dúvidas em português. Escafedeu-se do curso. E do idioma.

Vieram outras viagens para os Estados Unidos e Europa. Sempre que podia, se safava com o portunhol. Em outros casos, era salva por acompanhantes que sabiam inglês. Com isso, se encolhia, mal tentava falar, errar, aprender. In fact, ficava envergonhada por ser uma without english ("sem inglês", numa tradução livre) e sempre voltava decidida a entrar num curso. Era um desejo sincero, que durava até o final da viagem, até a primeira semana da volta ao Brasil. Intensamente.

Em termos de acomodação, as opções do curso eram as homestays – casas de família, com direito a café da manhã e jantar, em quarto individual ou duplo; ou os dormitórios na própria escola, opção mais cara e cheia de regras: nada de bagunça, festas, barulho, bebidas alcoólicas. Os banheiros de cada bloco eram coletivos, e a cozinha também. A escola fornecia café da manhã, almoço e jantar pagos à parte, o que encarecia a opção pelo alojamento.

Em relação à homestay, um aspecto mudou nos últimos anos: como o número de estudantes do mundo todo que viajam nesse esquema aumentou muito, é mais difícil poder escolher a casa e a família onde se gostaria de ficar. A representante da escola no Rio de Janeiro explicou que o aluno pode solicitar alguns requisitos básicos, e a agência e a escola (no exterior) farão o que for possível, dentro do que estiver disponível na época escolhida para o curso. Então, eu poderia pedir ao menos uma casa próxima à escola, anfitriões simpáticos, polite, que gostassem de conversar, sem filhos pequenos. Nada contra pimpolhos, mas numa temporada como essa, boas conversas e sossego seriam muito bem-vindos.

De qualquer forma, havia a possibilidade de poder trocar de homestay, se o estudante não se adaptasse ou não gostasse da família ou de seus hábitos. Nesse caso, o procedimento seria o de fazer um pedido formal à escola, que se encarregaria de cuidar da mudança para um ambiente mais próximo do desejo do aluno. Parecia a opção mais acertada para meus planos. Yes, eu ficaria numa homestay.

Eis que, aos 45 do segundo tempo, uma convergência de fatores recaiu sobre "ela" com o peso da realidade. As empresas já não procuravam mais profissionais que tivessem diploma de inglês, mas os que dominassem fluentemente o inglês (e outros idiomas). Amigas e conhecidos partiram para cursos intensivos em diversos países. A prima universitária foi fazer intercâmbio de seis meses numa faculdade europeia.

Nesse meio tempo, o hábito de assistir a filmes em DVD suscitou-lhe a curiosidade pelos diálogos, palavras e pronúncia dos atores. Começou a diferenciar o inglês americano do britânico. Arriscou-se a ouvir diálogos sem ver a legenda. Quando finalmente percebeu que estava tentando entender as letras das músicas enquanto dirigia o carro, deu-se por vencida.

"Ela", a aluna resistente, renitente, sumiu de cena. Forever (espero). Virou uma estranha para mim. Tentei entender tamanha negação, mas não obtive êxito. Não importa. Tinha novos planos, que incluíam – definitiva e prazerosamente – o aprendizado do idioma que tanto reneguei.

Recomecei a maratona atrás de um curso que me estimulasse. Descobri um intensivo, durante o mês de janeiro, que era uma espécie de treinamento para professores vindos de vários países. O preço era convidativo e eu teria a oportunidade de ouvir sotaques de ingleses, escoceses, australianos, americanos, irlandeses e até brasileiros. As aulas diárias, de duas horas, com uma turma divertida, foram uma experiência inédita: pela primeira vez, tive prazer num curso do gênero.

E comecei a acalentar um projeto especial.

Os números eram impressionantes. Quando mergulhei nas pesquisas, decobri uma quantidade surpreendente de brasileiros que viajam anualmente para cursos de idiomas no exterior. Os dados eram da Brazilian Educational Language Travel Association (Belta), entidade sediada em São Paulo que coordena alguns dos mais procurados cursos, estágios e intercâmbios de idiomas no exterior.

Em 2008, cerca de 120 mil brasileiros, entre profissionais e estudantes, viajaram para cursos no exterior. Em 2007, foram 86 mil. Certamente uma boa oportunidade para um país, uma cidade — Rio de Janeiro — que vai sediar as Olimpíadas de 2016 e oferecer um vasto mercado de trabalho para quem domina o inglês (e outros idiomas).

Voltando à pesquisa, um dos destinos mais procurados por estudantes de qualquer faixa etária é o Reino Unido (United Kingdom, UK), que engloba Inglaterra, Escócia, País de Gales e Irlanda do Norte. De acordo com o British Council, mais de 700 mil estudantes chegam todo ano, de todos os lugares do mundo, para estudar nesses países.

Uma amiga minha havia estudado em Oxford, na Inglaterra, e voltou maravilhada. Localizada a uma hora de Londres, a cidade tem

150 mil moradores, dos quais trinta mil são estudantes universitários e de colégios de Ensino Médio (high school). Por isso é conhecida como "a cidade dos estudantes", e também como "The City of Dreaming Spires", termo eternizado pelo poeta Matthew Arnold (1865) em homenagem à excepcional arquitetura de Oxford, uma cidade realmente de dream (sonho). Spire é o pináculo, o cume no alto da torre de uma igreja.

Além disso, é conhecida como a cidade dos escritores. Alguns nasceram e vários estudaram lá, desde o século XVI: Thomas Edward Lawrence, militar, diplomata e autor de *Seven Pillars of Wisdom* (*Os Sete Pilares da Sabedoria*), que virou *Lawrence da Arábia*, filme épico dirigido por David Lean em 1962; Aldous Huxley, autor da obra-prima *Brave New World* (*Admirável Mundo Novo*), escrita em 1931; Graham Greene (*O Expresso do Oriente*, de 1932); W.H. Auden, poeta (citado numa cena do funeral do filme inglês *Quatro casamentos e um funeral*).

O irlandês Oscar Wilde apaixonou-se pela cidade a ponto de chamá-la de "a capital do romance" e de dizer que teve dois momentos decisivos em sua vida: quando o pai o mandou estudar no Magdalen College, em Oxford, aos 20 anos, e quando "a sociedade o mandou para a prisão", em 1895, por "cometer atos imorais com diversos rapazes" (sua sentença). Outro estudante ilustre foi o filólogo e escritor J.R.R. Tolkien, autor do lendário *Lord of the Rings* (*O senhor dos Anéis*, 1954-1955), que há poucos anos tornou-se também um megassucesso cinematográfico, com sua mítica luta entre várias raças – humanos, anões, elfos e hobbits contra orcs –, para evitar que o "anel do poder" volte às mãos de seu criador, Sauron, o "senhor do escuro".

Como se vê, uma cidade iluminada, para inspirar e sonhar alto, em todos os sentidos.

Em fevereiro, procurei outro curso no Rio, matriculei-me e... zzz... tinha vontade de dormir na aula monótona, com uma turma de adolescentes. Não dá certo. É preciso ter gente na mesma faixa etária, ou próximo dela. Frequentei-o durante três meses, até que um compromisso profissional foi o habeas corpus para sair.

Deal. Negócio fechado. Viajaria dentro de três meses. Que voaram.

Dia 13 de setembro. Voo 6024. Escala: Madri. Destino: Londres. Classe econômica – nem tudo é perfeito.

Não sentia o menor receio em relação à viagem, apesar de meu parco English. Quando amigos perguntavam (e todos perguntaram), na fase da contagem regressiva, se eu estava com um "friozinho na barriga", eu respondia que, friozinho, esperava sentir no outono europeu. E ouvia quase sempre como resposta: "Que coragem!"

É verdade que estranhei um bocadinho a felicidade, o destemor, a vontade incontida de embarcar na experiência, a despedida alegre, só sorrisos, em meio às lágrimas da família. Mas, ora bolas, em algum momento da vida a gente tem de se autorizar a ser feliz, como diz minha querida terapeuta, Regina. Acho que ela foi convincente.

Depois de beijar e abraçar minha mãe, minha filha, meu irmão, cunhada e sobrinhos, entrei no setor de embarque e parei na alfândega, plena de expectativas e planos. Enfim, eu estudaria inglês seriamente pela primeira vez na vida. A dúvida inicial sobre o destino da viagem – Boston? Dublin? Londres? Oxford? – foi decidida com tranquilidade. Oxford ficava pertinho de Londres (de ônibus), eu poderia ir à capital e voltar à cidade no mesmo dia, aos sábados ou domingos. Perfect.

Mostrei os documentos na Polícia Federal, computador acomodado em uma mochila nas costas, devidamente registrado. Liberada. Passei pelo detector de metais, maleta de mão, bolsa a tiracolo. Liberada. Uma hora e meia para a largada. Suspirei liberdade.

Tudo poderia acontecer com um passaporte para além da rotina. Observava o movimento de passageiros, de todos os tipos, quase todos acompanhados. Sozinha, não tinha nenhum motivo para "chorar as pitangas" ou "ficar jururu", como costumava dizer uma tia "por adoção", orgulhosa descendente de uma tribo tupi que adorava as expressões da língua nativa.

"Tupi or not tupi, that is the question", ecoou a voz dos modernistas do fundo da memória das aulas de História. Eles pregaram a assimilação das manifestações culturais estrangeiras, sua digestão e transformação em cultura brasileira. Oitenta anos depois, a questão parecia outra: Inglês ou inglês, that is the question.

A fase "The book is on the table" era, definitivamente, um "idioma" do passado.

Viajei com bons presságios, com a inefável certeza do "vai dar certo". Não poderia imaginar que eles seriam confirmados nas primeiras horas, nos primeiros dias da chegada. Seria um desafio. Na verdade, vários. Curso intensivo, falar e pensar em inglês o dia todo, todos os dias, durante cinco semanas. Colegas de vários continentes, uma babel de línguas, um contraste de culturas. Adaptação a uma cidade excepcional, medieval na arquitetura e cosmopolita na postura.

Frio, vento, "brigas" inenarráveis com guarda-chuvas, céu cinzento, céu azul, nevoeiro, pancadas de chuva, sol, garoa. Solidão prazerosa (para outros, terrível), "micos", medo de falar errado, erros grotescos e necessários. Paradas estratégicas em pubs, fish and chips (típico prato inglês de peixe – normalmente congelado, feito à milanesa ou algo parecido com isso – com batatas fritas), potatoes, caminhadas, mummy and daddy, home sweet home, pronúncia inglesa, disciplina inglesa e...

Professor inglês. Legítimo, 37 anos. Voz gutural, elegante sotaque britânico, friendly (simpático), informal, curioso, atencioso, competente, atraente, well... aconselhava os alunos a falar muito, a ler muito, "a amar os erros, pois são eles que os farão aprender". Um capítulo à parte.

Amigo chinês, jovem, ambicioso, afetuoso – à moda chinesa –, vivia me dando tapinhas "fraternos" (que aos poucos viraram tapões), nas costas, saudoso do país, da família, reclamão, divertido, ansioso. "Go, go, go" (Vamos, vamos, vamos) dizia, sempre apressado. E eu respondia: "Óqui, óqui", em alusão à inacreditável pronúncia dele para o bom e velho okay (ok). Simplesmente não conseguia falar "óquei". Só saía "óqui". Outro capítulo.

Minha melhor amiga, israelense (do nível "estudante em aprimoramento"), sensível, inteligente, grande companheira que chegou à beira de um ataque de nervos com meu English inicial e me entendeu plenamente na hora dramática, dolorida, em que se envolveu com um colega italiano. Mais um capítulo.

Fora os capítulos, propriamente ditos, dos livros didáticos, e as dúvidas que são de todo mundo, literalmente. Exemplos:

– Advérbios: quando usar always, never, often, next, near?

– Preposições: onde colocar at, on, in, since, for?

– Pronomes indefinidos, tão parecidos e com sentidos tão opostos: somebody, nobody, anybody;

– Tag Questions: He like's a chocolate, isn't he?, com sua função de confirmar a informação, ou pergunta.

– And... o terror generalizado dos verbs: auxiliares, principais, irregulares (aquela lista que TEM de ser decorada), past tense, simple present, até aí tudo bem. Mas quando entram modalidades como past perfect continuous, future perfect continuous, conditional forms, modal verbs, os students de nível intermediário – e também os mais adiantados – sempre pedem um rewind (nova explicação).

Constatação imediata: grammar é um problema para todos. E aprendê-la, de fato, é um desafio em qualquer lugar, tanto no país de origem quanto num curso no exterior. Mas quando existe vontade, real e intransferível, tudo é passível e possível. Mesmo que, em algumas situações, pareça impossível.

CAPÍTULO DOIS

Meu "pequenino" inglês

Não consegui dormir no longo voo noturno. Conversei um bom tempo com meu parceiro de poltrona, que vinha de Brasília. Por pouco não fiquei de pileque. Depois do jantar, ele continuou pedindo vinho tinto (que vinha em garrafas pequenas) para ele – e para mim. Eu queria ao menos cochilar, mas nem o vinho deu jeito. Na chegada a Barajas, cansada e carregada, me vi não em um aeroporto, mas numa "cidade". Andei um quilômetro até chegar à fila na aduana, com mochila pesada e uma maleta de mão que derrapava e capotava o tempo todo apesar das rodinhas (ou justamente por elas). Mala sem estabilidade, onde já se viu?

Antes de passar no detector de metais, tive de tirar o cinto e as botas. Assim, quase pelada – como a gente se sente nessas horas infames em que todos somos suspeitos –, ainda tive de esvaziar a bolsa de mão para que passasse pelo raio X. Calcei as botas, recoloquei o cinto e, quando julguei que estaria liberada, me pediram para mostrar o que tinha na mochila. Não dava nem para fazer cara feia, de cansaço, porque aí correria o risco de passar de suspeita a culpada. E o pessoal da aduana espanhola não era exatamente simpático.

Quase meia hora depois, fui enfim liberada e andei mais não sei quanto tempo até chegar ao que imaginei ser o ponto central do aeroporto-cidade. Eram tantas ruas e avenidas que fiquei um tempo parada, fazendo o reconhecimento do terreno. Onde encontraria a informação do meu voo para Londres, caramba? Vasculhei tudo, andei mais um pouco, olhei para cá, olhei para lá, e, finalmente um painel eletrônico ali na frente. Juntei-me ao imenso grupo que procurava o mesmo. Eram tantos voos, de tantas companhias, para todos os continentes, que demorei a localizar o meu.

Teria umas três horas de espera. Aparentemente, tempo suficiente para fazer a higiene matinal, comer alguma coisa e entender o que significavam as dezenas de placas com letras, números e um aviso que me pareceu importante: Terminal UR 9: 20 minutos; Terminal RS 7:15 minutos. Será que era o que eu estava pensando? Fiz quase tudo o que tinha a fazer e ainda comprei um presente para my English parents (meus pais ingleses), porque me disseram que era educado fazer isso, e rumei para o que julgava ser meu destino. Depois de caminhar uns quinze minutos (contando com as esteiras rolantes, em alguns trechos), ainda mais cansada, quase capotando junto com a maleta, cheguei, suada, aliviada, e... descobri que tinha ido para o lado oposto ao que deveria.

Inacreditável. Catei tudo e saí me arrastando para mais uma caminhada de uns 20 minutos, em meio à gente de tudo quanto é lugar, etnia, sotaque, correndo de um lado para outro. Cheguei, esbaforida e tensa, ao terminal correto, 5 minutos antes do horário de embarque. Sim, aquelas placas eram mesmo a indicação para os passageiros – sobretudo os atrasados, em trânsito – de quanto tempo precisariam para chegar ao local do próximo voo. Algo como uma caminhada entre Ipanema e Leblon, ou Ipanema e Copacabana, bairros vizinhos no Rio. Mais uns 15 minutos de espera, em pé, até que finalmente entrei no avião para Londres.

Ao meu lado, sentou-se um rapaz de 20 e poucos anos. Foi ele quem me acordou com um leve toque no braço quando a aeromoça trouxe o lunch. O sanduíche era esquisito, mas para quem estava em jejum à uma hora da tarde, o jeito era encarar para não ficar enjoada. Não tinha comido no aeroporto porque, quando cheguei ao primeiro terminal e fui comprar um sanduichão de baguete e um iogurte, a lanchonete não aceitava cartão de crédito. Eu não tinha euros e não sairia dali por nada do mundo. O cansaço venceu a fome.

Comentei com meu vizinho de poltrona, em inglês, que aquele sanduíche estava ruim, e, papo vai, papo vem, descobri que era um espanhol a caminho de Londres, a trabalho. Foi a chance para praticar meu... assombroso espanhol. A conversa seguiu descontraída, bem melhor que em "portinglês". Lá pelas tantas, ele perguntou, sério, onde tinha aprendido "espanhol". Eu caí na risada e disse que falava "portunhol". Aí quem riu foi ele, reafirmando que eu falava "muy bien". Só se fosse pelo acento (sotaque), com o qual tenho certa facilidade – ao menos isso.

Na chegada em Heathrow, nos despedimos com um "buena suerte" recíproco. Adelante, eu enfrentaria o maior dos desafios da viagem, segundo depoimentos de brasileiros "experientes" no assunto: passar pela costumer inglesa e conseguir entrar no país do "big brother", onde há câmeras nas ruas e desconfiança por todos os lados. Documento de chegada devidamente preenchido, papelada do curso à mão, um carrinho carregado com duas malas grandes, a maleta, a mochila, bolsa grande a tiracolo... ah, isso não vai dar certo. Eles vão querer saber por que tanta bagagem, eu pensava, enquanto chegávamos, todos, muitos, dezenas de passageiros, de vários voos, à imensa fila da costumer. A dos UK citizens (cidadãos de United Kingdom) era outra, bem menor. Respirei fundo o tempo que teria que amargar meu cansaço em pé, empurrando o carrinho, até perceber que a fila, em caracol, andava rápido. E muito.

À frente das várias cabines de atendimento, funcionários tinham a função específica de apressar o fluxo, avisando e apressando os turistas para a que deveriam se dirigir. Fui me aproximando e reparei que os funcionários atendiam a todos com um polite good evening (um educado boa-tarde), e alguns até sorriam! Perto de ser atendida, vi — com meus olhos míopes surpresos — um simpático diálogo entre um jovem turista asiático e seu atendente britânico, com direito a risos de parte a parte. Então essa era a "temível" costumer inglesa? Quando fui chamada, já não estava mais apreensiva. Apesar da dificuldade de entender o sotaque british *in natura* de meu interlocutor, conseguimos nos entender. Aprovada sem restrições, entrei em United Kingdom com a leveza de uma citizen, sem medo, sem lenço e com cachecol, para enfrentar a temperatura na casa dos 15°C.

Peguei as malas, coloquei no carrinho e fui para o setor de desembarque, onde deveria ter um funcionário da escola com a infalível plaquinha com meu nome e... nada. Fiquei vagando por ali, empurrando o carrinho pesadíssimo, olhando as plaquinhas, até ver alguém com uniforme da escola. Fui lá, apresentei minhas credenciais e logo apareceu o responsável pelo transporte até Oxford: um homem de meia idade, de origem hindu, fala rápida e forte sotaque estrangeiro, que dificultava ainda mais meu entendimento.

Isso porque ele morava em Oxford há mais de vinte anos, descobrimos depois, já na van a caminho de Oxford, eu e a colega israelense, R., 38 anos, professora de matemática, que ia para a mesma escola. Durante o trajeto, reparei que R. falava inglês com razoável fluência, era simpaticíssima e conversadíssima. Fez várias perguntas ao nosso motorista, não entendeu muitas respostas e olhava para mim como se eu pudesse desvendar, mal sabia ela... O que deu para entender foi que nosso condutor se esmerou em elogios a Oxford e se queixou – muito – do alto custo de vida na cidade e no país.

Quarenta e cinco minutos depois, chegamos à cidade. Estava ansiosa para conferir os dados de my family and my homestay. O motorista disse que me deixaria primeiro, porque era mais perto da entrada da cidade. Entreguei o meu voucher com o endereço e as informações que já tinha lido várias vezes, e traduzido.

> C.J. and M.J. Friendly couple living in a nice house, safe and quiet area. (C.J. e M.J. Simpático casal que mora numa boa casa, em área silenciosa e segura.) The rooms are very big; the house is clean, tidy and nicely decorated. (Os quartos são bem grandes, a casa é limpa, arrumada e bem decorada.) They en-

> joy traveling and gardening. (Eles gostam de viajar e de jardinagem). Direction: bus nº 400, it should take you about 15-20 minutes by bus. (Direção: ônibus nº 400, você deve tomá-lo a cada 15-20 minutos.) Bus stop: few minutes away. Minutes to School: 15 (Ponto de ônibus: a poucos minutos da casa. Tempo até a escola: 15 minutos.)

Entramos em Sandhills, o "meu" bairro. Um lugar repleto de casas de dois andares, no estilo inglês, quase ninguém nas ruas, um ou dois carros parados na frente de cada casa. A rua tinha um nome imponente, inscrito numa placa quase artesanal: Merewood Avenue. Amei. Agora, era questão de minutos até eu conhecer o novo lar e meus pais ingleses.

Nem foi preciso tocar a campainha. Quando a van chegou na frente da acolhedora casa de dois andares, a porta se abriu e por ela saiu uma senhora loura, de olhos verdes vivos por trás dos óculos de lentes grossas, e um afável sorriso de boas-vindas. Enquanto o motorista estacionava, chegou um senhor alto e bem-apessoado, que só poderia ser daddy M. Saí me "atropelando" na bagagem, cumprimentei ambos com um tradicional "nice to meet you" (prazer em conhecê-los), enquanto dois rapazes vinham para fora.

Bagagem retirada do carro, mummy C. os apresentou: eram meus "brothers", S., um estudante sérvio de 23 anos, e P., um jornalista dinamarquês de 50, que ocupavam os outros dois quartos disponíveis além do meu (a casa tinha quatro quartos e um deles ficava no terceiro andar, numa espécie de sótão bem confortável). Entramos e os rapazes fizeram a boa ação de levar minhas malas para o segundo andar. Meu quarto era um encanto. Espaçoso, acarpetado, cama com colcha, dois armários vazios para meus pertences, mesinha com cadeira e uma janela com uma cortina de tecido florido, voltada para o jardim dos fundos, que era circundado por uma floresta. Mais sossego, impossível.

Mal deixei as malas, C. me chamou para uma excursão pela casa, acompanhada de providencial palestra sobre as regras internas: de manhã, o banho teria de ser rápido, pois só havia um banheiro para os três hóspedes. Explicou como abrir as torneiras, temperar a água, fechar a cortina e colocar o tapete de volta na beira da banheira (era chuveiro com banheira, ao estilo europeu) depois de terminar o banho. As toalhas molhadas e peças íntimas lavadas deveriam ficar no varal aquecido, junto à janela do meu quarto. Em seguida, descemos à cozinha e, enquanto preparava uma suculenta chicken (galinha) para o jantar, ela me explicou, didaticamente, como seria nossa rotina.

O horário do café da manhã variaria de acordo com o início das aulas de cada um, entre 7h e 10h. Aos sábados e domingos, como não havia aula, o horário seria mais flexível. E o jantar seria, impreterivelmente, às 19h. Caso não viéssemos, deveríamos avisá-la com antecedência. Mummy C. explicou que lavaria as roupas sujas na máquina às segundas-feiras – e só neste dia. Se quiséssemos usar o serviço, deveríamos entregar as roupas na véspera ou na segunda ainda cedo. Yes, mummy era organizada. Organizadíssima, como veríamos nos dias e semanas subsequentes. E a casa era absolutamente limpa, ampla e confortável.

Terminada a palestra de chegada, ela e daddy nos convidaram para entrar no carro – cujo volante era do lado direito – e conhecer os lugares que frequentaríamos a partir do dia seguinte: a estação de ônibus, a escola e os pontos onde deveríamos saltar e tomar o ônibus, perto da escola. Explicaram várias coisas pelo caminho, com detalhes que meus brothers entenderam bem melhor que eu. Ou melhor, entenderam. Eles falavam inglês – com forte sotaque de seus países de origem, o que às vezes dificultava o entendimento –, mas tinham fluência.

Diante da situação, achei por bem usar a tática do ataque: fui logo avisando – e rindo, pois precisava desviar a atenção acerca de minha ignorância – que falava a little bit of English (um "pouquinho" de inglês) e que teriam de ter paciência comigo. Todos riram e assim ficou combinado. Eu era, como as crianças mais velhas chamavam as mais novas, "café com leite", ou seja: "Fulano é café com leite, não fede nem cheira, pode ficar no seu time", era o cruel veredicto da infância.

Feito o passeio de reconhecimento, C. pediu ao marido para voltar porque a chicken estava no forno e ela ainda teria de providenciar o complemento do jantar. Lamentei, pois estava curiosíssima para conhecer o centro da cidade, tão famoso com sua avenida principal, High Street, e suas construções de séculos passados. Ficaria para o dia seguinte. Já em casa, aproveitei para fazer o que mais queria: tomar um banho e arrumar as roupas nos armários. O cheiro da chicken entrou por todas as frestas e meu estômago gemeu de ansiedade. Seria possível que a culinária inglesa fosse ruim como diziam? Cheguei à janela, respirei o ar deliciosamente frio do outono e comemorei minha chegada com uma dose do uísque que havia comprado em Barajas. Uma nova casa, uma nova família, uma nova rotina, num local sem violência, sem medo e sobressaltos. Tim-tim.

Mummy nos chamou para o jantar e descemos imediatamente. Ela pediu mil desculpas pelo "terrível" atraso de quarenta minutos porque foi o dia da chegada de todos, ela teve alguns imprevistos e... eu de olho na farta culinária posta à mesa: chicken (enorme, dourada), batatas cozidas, carrots (muito prazer, cenouras!), brócolis (pequenos e bem verdinhos) e uma espécie de farofa feita com alho e alguma outra coisa que não consegui identificar — e era uma delícia! Repeti um pouco de tudo, assim como meus brothers.

O jantar foi regado à água fresca e a uma conversa agradável sobre cada estudante, o que cada um queria com o curso, quanto tempo ficaria. P., o dinamarquês, olhos claros, gestos comedidos, era um gentleman que estava ali para melhorar a escrita e a gramática. O sérvio, alto, mais descontraído, um tanto maduro e responsável para sua idade, também vinha se aperfeiçoar porque tinha planos ambiciosos: ser presidente das empresas do pai ou, quem sabe, da República da Sérvia e Montenegro. Quando pensávamos que a refeição havia terminado, mummy trouxe uma tigela com um pudim feito por ela, "de comer rezando", como diz um amigo. Ela ainda perguntou se alguém queria café ou chá, e S. pediu um café, que a lépida mummy serviu em seguida.

Terminado o lauto jantar, eu ajudei a levar a louça para a cozinha, onde daddy já começava a enxaguar os pratos e a colocá-los na máquina, mas fui impedida por mummy. Aquilo não era "minha função" (ou algo próximo disso). Insisti, disse que seria um prazer ajudar, e quase fui exilada em meu quarto. Achei por bem recuar para minha trincheira e ter, finalmente, uma noite de sono, antes de começar minha outra vida. Já estava subindo quando me lembrei da internet. Como podia ter esquecido? Queria ver as possíveis mensagens que minha família e meus amigos – muitos deles virtuais, tão "do peito" quanto os "reais" – teriam mandado. Foram tantas perguntas, tanta curiosidade e fantasias suscitadas antes da viagem (me divertia com um pedido constante: "Me leva dentro da mala?"), que estava ansiosa para fazer contato.

Perguntei à mummy C. onde poderia plugar meu computador, esperando apenas que me indicasse o lugar da conexão, quando ela disse, na maior naturalidade, que eles não tinham internet. Meu mundo – virtual – caiu. Depois de me refazer do golpe – real –, pensei que poderia tirar vantagem da situação. A escola tinha rede wireless (sem fio) e a cabo. Em casa, teria tempo para pensar, estudar, escrever, ouvir música, não assistir à televisão (que ficava na sala de estar, era o momento de intimidade do casal à noite e nós não nos atrevíamos a invadi-lo), digerir os acontecimentos de cada dia.

Já que não havia como me conectar e eu já tinha falado com minha filha por telefone, me restou a agradável alternativa de reler a despedida-poema com que um querido amigo tinha me presenteado em nossa comunidade no orkut. Antes de viajar, salvei o texto num arquivo. Esse amigo – jornalista, cronista, poeta, de Campinas (SP) – conseguiu captar, com extrema sensibilidade, o que é partir para uma experiência num mundo plugado... no resto do mundo.

"Vai para o estrangeiro
E fica mais longe que antes
Tão perto quanto sempre
Longe/perto constantes

Contato ao alcance dos dedos
Plástico e circuitos e silício sob o tato
Sem retina impressionada, sem cheiro marcado,
Sem toque de pele
Mas com tanto calor humano.

Nada mudou, tudo mudou
Estava um pouco longe,
Está mais longe,
Continua perto
Como sempre/nunca.

Nesse mundo irreal
De vida virtual
Você é mais real do que muito
Do que vejo com olhos de ver
A cada segundo fortuito

Então vai pra longe/perto
Caminho torto/reto
Aconchego/desabrigo
Para a alma
Desse teu amigo".

Marcos Correia (Setembro de 2008)
Thanks a lot, amigo!

A dicotomia que eu viveria. Um mundo virtual, plugado, interligado, numa cidade do século X, XI, XII. Mundo vasto e complexo mundo, que surpresas nos aguardam – e como reagimos a essas surpresas, longe de tudo o que nos é familiar.

Pulei da cama assim que o despertador tocou, às 7h. Não costumava fazer isso em minha cidade, sempre dei boas espreguiçadas antes de levantar. Corri para o banheiro. Ocupado. Voltei e fiquei à espreita, até que uns dez minutos depois, quando ouvi a porta ser aberta, quase voei lá para dentro. Minha vez! Puxei a cordinha, daquelas bem antigas e charmosas, e acendi a luz. Fiz tudo rápido, como recomendava o ritual da casa. Depois, roupa escolhida na véspera, me arrumei, coloquei as lentes de contato e desci para o breakfast.

Farto breakfast. Na mesa posta, com mummy à nossa espera, havia dois tipos de cereais, iogurtes orgânicos de morango e pêssego (deliciosos), torradas, geleias, café (inglês, ou seja, aguado), leite e sucos industrializados. Comemos rápido porque mummy alertou para o trânsito de segunda-feira de manhã. Ela veio até a porta se despedir, entregar uma cópia da chave de casa para cada um e perguntar se voltaríamos para o jantar. Yes. Comentei sobre o belo dia de céu azul e ela, com ar brejeiro, fez o sinal da cruz. Num país acostumado à chuva e ao cinza, dias claros e coloridos pelo sol são muito bem-vindos, ainda que a temperatura estivesse na casa dos 15-16°C.

Saímos os três juntos, em direção à estação de Thornhill, passamos pelo subway (túnel) que cruza a movimentadíssima London Road e, em pouco menos de dez minutos, ei-la — a estação de arquitetura moderna, clean. Fomos ao painel eletrônico, que anunciava em quanto tempo os ônibus chegariam. O nosso não tardou a estacionar na frente da fila que se formava. Peguei a menor nota que tinha na carteira (tinha levado duzentas libras do Brasil) e meus brothers me alertaram que se eu comprasse um passe de um mês sairia mais barato. E ainda poderia pegar os ônibus da linha quantas vezes quisesse. Ótimo. Num país em que o dinheiro vale muito mais do que o nosso é preciso encontrar alternativas de subsistência.

Dei uma nota de vinte pounds (libras) para o motorista e respondi, feliz, ao good morning seco, porém educado, que ele dava a todos os passageiros. Peguei meu troco e subi, feito criança no parque de diversão, para o segundo andar do ônibus. Queria ver tudo do alto, de camarote. Na London Road (via principal, que vai da entrada até o centro da cidade), não demoramos a entender por que C. insistiu que saíssemos cedo: o trânsito era intenso, o que me permitiu olhar, vasculhar tudo, inclusive os passageiros, de origens diferentes. Uns com turbantes e véus na cabeça, outros de saia e blusa, terno e gravata, muitos estudantes, todos devidamente agasalhados com casacões e cachecóis que não tiravam apesar de as janelas estarem todas fechadas. Quase morri de calor e me desenrolei feito cebola. Tirei o cachecol e o casacão e fiquei imaginando como eles não sentiam calor num ambiente todo fechado. Costume, só podia ser.

Do lado de fora, o tráfego fluía lenta e ordenadamente. Nada de ultrapassagens de uma faixa para outra, nenhum – atenção, nenhum! – toque de buzina, nenhum motorista estressado. Fora os tantos ciclistas, de todas as idades, que passavam pela ciclovia, alguns de terno e gravata. Perto do nosso ponto de descida, descobri um dos motivos do trânsito lento: um sinal que demorava demais a abrir na via principal e uma obra na mesma rua. Portanto, um percurso que normalmente levaria de dez a quinze minutos durou uns quarenta. Descemos no ponto e ainda tínhamos uma caminhada de quase dez minutos até a escola, que fizemos em tempo recorde.

Ofegante, encasacada, encoleirada (cachecol de lã de duas voltas), mochila nas costas e bolsa pesada, quando cheguei à escola minha nova vida me pareceu mais leve do que nunca.

Conseguimos chegar pouco antes da hora. Ao mesmo tempo, chegavam estudantes e mais estudantes, a maioria na faixa dos 20, no máximo 30 anos. Os alunos "antigos" entravam direto, enquanto os novos faziam fila na recepção para cumprir as formalidades da entrada. Feitos os procedimentos, entramos no refeitório que servia também de sala virtual, com internet sem fio e a cabo. Apesar de se tratar de um Course in Progress (tipo de curso que admite alunos uma vez por semana, o ano todo), o lugar não era grande o suficiente para uma segunda-feira, dia da chegada de novos alunos.

Naquele mês de setembro, havia cerca de trezentos alunos. Mas em julho e agosto, meses de alta temporada, a escola chegou a receber entre seiscentos e setecentos estudantes. Aí, só contando com a parte externa do refeitório, um lugar agradável, com jardim, mesas e cadeiras, mas muito frio no outono, ou inutilizável quando chovia. Mas, com chuva ou sem chuva, com frio e vento, Oxford é a cidade dos estudantes. E dos turistas. O sexto lugar mais visitado do Reino Unido atrai 9,3 milhões de turistas por ano e tem a mais antiga instituição de ensino superior dos países de língua inglesa: a University of Oxford, tradição e orgulho da cidade, do país.

Nossa primeira atividade foi o teste de nivelamento no ILAB, um Laboratório com cinquenta computadores. Eram 75 perguntas, muitas delas escritas, a serem respondidas em 45 minutos. Consegui fazer oitenta por cento da prova até o gongo soar. Já sabia que teria dificuldade, mas isso não seria problema. Estava ali para aprender, no nível que fosse. Não importava se eu entraria no 1º, 2º ou 3º, nem tampouco o fato de ser mais... madura, digamos, que a maioria dos estudantes. Queria aproveitar o máximo possível e isso faria a diferença.

Depois do teste, free time (tempo livre). Oba! Enfim poderia me conectar à internet. Abri a mochila, tirei tudo de dentro e descobri que precisava de um adaptador para me plugar via cabo. Teria de comprá-lo na cidade, à tarde, quando faríamos um passeio com o pessoal da escola. Tentei a internet wireless, me sentindo "a muderna", mas não consegui conexão de jeito nenhum. Frustração total. Eis que se aproximou um brasileiro, no curso há cinco meses e especializado em computação. Estava salva! Apresentei-me, expliquei o problema, e ele, muito solícito, tentou reformatar o computador, mexeu aqui e ali, mas não conseguiu nada. Agradeci, e caí em prostração. Não faria contato com os meus tão cedo.

Na hora do almoço, encontrei minha companheira israelense, R., e nos cumprimentamos calorosamente, como duas velhas amigas. Trocamos algumas impressões sobre o teste e entramos na fila. Será que conheceria o famigerado fish and chips? R. certamente não, porque era vegetariana e ficaria no sanduíche natural. A queue (fila, pronuncia-se "quiu", aprendi na hora) era enorme e andou rapidamente graças à eficiência dos atendentes, tanto do caixa como dos que serviam os sanduíches e a comida: chicken (à "milanesa" inglesa), com batatas e uma salada salvadora, com verduras e tomate. Preço: três libras (pouco mais de doze reais).

Depois do almoço, uma palestra com o simpático e ativo diretor da escola. Acostumado com estrangeiros, falou num inglês compreensível and slowly (devagar). Explicou como seria o curso, as regras da escola, a história de Oxford e da Inglaterra, enfatizando as palavras mais importantes no país: please e thank you. Da forma como falou, e como os professores realçaram depois em sala, os ingleses devem estranhar ou mesmo se chocar com o fato de outros povos não serem exatamente polite (educados) no tratamento pessoal.

E não é que têm razão? Fiquei pensando no Brasil, na forma como nos tratamos, principalmente nas cidades grandes. Geralmente não há um "por favor", "com licença", "obrigada", "desculpe", em situações corriqueiras. Especialmente na relação direta entre os cidadãos "de bens" e os "sem bens". Há sempre — explícita ou implicitamente — uma postura superior, arrogante, elitista, dos chamados "doutores", em contraponto à postura humilde dos "fazedores" (ou servidores). As pessoas são valorizadas pelo que têm, vestem, ostentam. Lá, as pessoas são respeitadas e se fazem respeitar, sejam o que forem.

Voltei à realidade quando foram distribuídos os resultados dos testes, as turmas e os livros de cada aluno. Eram oito níveis, fiquei no 3º, chamado Pre-intermediate (compreensão básica e capacidade limitada de criação, dizia o meu livro). Era justo. Minha amiga R. foi para o Pre-advanced, nível 6. Fiz uma festa, queria dizer que ela era "um cabeção" (nossa gíria para gente inteligente), mas, na falta de tradução adequada e de vocabulário in English, fiquei no básico: "You're a great student, the best!" (Você é uma excelente estudante, a melhor!), enquanto ela ria e me mostrava a língua. P., o dinamarquês, ficou no Advanced (Avançado) e, S., brother sérvio, no mesmo nível de R.

E, assim, devidamente nivelados e instruídos a ser polite, fomos – a tropa de novos estudantes da semana – passear no centro da cidade com um guia da escola. Pegamos um bus (ônibus) normal, ao custo de 1,40 (um pound e quarenta pennies), que fiquei estupefata ao converter para o real (equivaleria a mais de quatro reais). Concluí que, em nome de minha sanidade mental e financeira, não deveria mais fazer isso. Quando escolhi a Inglaterra, sabia que a opção seria mais cara do que em outros países.

Em dez minutos, cruzamos a bela Magdalen Bridge, a ponte que separa a London Road da mítica High Street. Lá estavam a lendária University of Oxford, igrejas, colégios construídos há séculos, torres góticas, prédios centenários, redes de fast food instaladas em construções antigas. Tudo extremamente conservado, tradição e modernidade perfeitamente harmonizadas, em respeito à história e à arquitetura da cidade.

Saltei do ônibus em estado... liquefeito, absolutamente extasiada com Wonderland. Não poderia existir expressão mais adequada para a paisagem que nos cercava. O guia nos liberou para um passeio de uma hora pelo centro histórico e depois nos encontraríamos no mesmo local para voltarmos à escola. Saquei da bolsa a pequena câmera digital e saí andando, sem saber por onde começar a fotografar. Segui com R. e P., ambos com suas máquinas, rodando pelas ruas lotadas de turistas, grupos de estudantes, gente de todos os lugares do mundo, a julgar pelas roupas e etnias. Única e cosmopolita, íntima e diversa, medieval e moderna, Oxford ia muito além de qualquer expectativa. Era uma surpresa, um encantamento a cada metro quadrado.

"Nada mudou, tudo mudou. Estava um pouco longe, está mais longe, continua perto, como sempre/nunca." Os versos de meu amigo me soaram ainda mais verdadeiros. Sentia-me tão em casa que... nada mudou, tudo mudou.

Voltamos às cinco da tarde. Teria tempo de tentar a conexão, já com meu adaptador devidamente comprado. Estava ansiosíssima para contar as novidades, falar com a família via web cam. Preparei tudo, coloquei o cabo na tomada, me pluguei à internet e... nada. Sem conexão, mesmo com o cabo? Não era possível, o que estaria errado? O brasileiro apareceu de novo e pedi socorro. Ele tentou de tudo, mas não havia jeito de me conectar. Agradeci, frustradíssima, e já estava indo embora quando parei na recepção e expliquei (como pude) meu problema.

O pessoal custou um bocadinho para entender meu inglês de primeira viagem, mas o funcionário que trabalhava no computador — provavelmente compadecido de minha expressão desamparada – veio me ajudar. Também não conseguia entender o problema, mas depois de várias tentativas, configurou em "off-line" e... alvíssaras, me conectei! Quase dei um beijo nele. Dali mesmo, consegui ao menos mandar uma mensagem para minha filha explicando as dificuldades de conexão. Eram seis horas, o pessoal da recepção estava de saída, desliguei o computador e agradeci muito. Dessa vez, quem deu o jeitinho foi o inglês.

O PRIMEIRO "MONKEY" (MICO) A GENTE NÃO ESQUECE

Estava anoitecendo e resolvi ir caminhando até o mercado que ficava a cerca de um quilômetro da escola. Queria comprar algumas coisas para deixar no quarto. Na hora de pagar os biscoitos e o chocolate, perguntei onde era o ponto do meu bus, o 400. O atendente me deu uma explicação um pouco longa para meus neurônios já cansados de 24 horas ininterruptas do novo idioma, mas achei que tinha entendido o básico.

Encontrei o ponto, lá estava o número do bus, que não tardou a chegar. Entrei e entreguei ao motorista duas libras em moeda, esperando o troco, quando ele fez uma pergunta inesperada. Não entendi. Tampouco lembrei-me do "Pardon?" ou do "Excuse-me?". Lasquei um "What?" (o quê?), que saiu sem controle. Ele refez a pergunta, num sotaque difícil, porém mais pausado. Pressenti que estava perguntando para onde eu ia. Deu branco. Fiquei irritada. Por que ele precisava saber para onde eu ia?

A fila crescia atrás de mim e alguns passageiros nos bancos já repletos do primeiro andar — pude ver de canto de olho — lançavam olhares impacientes para nossa tentativa de diálogo. Falei o nome do bairro, ou melhor, do que me veio à cabeça: "Noting Hill". O motorista fez uma inesperada cara de espanto e eu arrisquei um inaudível "I think" (eu acho), enquanto a fila, a impaciência e meu suor aumentavam. Virei-me, discretamente, de costas para os passageiros, para evitar o confronto visual, e tive uma ideia: abri a bolsa, peguei o mapa da cidade que tinha recebido na escola e o entreguei ao motorista, achando que o abriria ali mesmo, sentado ao volante. Para minha aflição, ele levantou-se, abriu a portinha da cabine que o separa dos passageiros (todos os ônibus lá têm essa cabine aberta, com portinha) e pegou o mapa, ao meu lado.

A essa altura, eu quase em desespero, ele calmamente abriu o mapa e didaticamente me mostrou onde estávamos e para onde íamos. Finalmente encontrei o meu bairro, o apontei e o pronunciei com ênfase: "Sandhills!" Ele olhou para mim, de soslaio, balbuciou "Nothing Hill?" e balançou levemente a cabeça, como se dissesse "esses estrangeiros..." Em seguida, sentou-se ao volante e cobrou o preço que custava a passagem até Sandhills. Só então entendi que ele queria saber o destino porque o preço variava de acordo com a extensão da viagem. Também, como eu ia saber? Ele pegou minhas moedas, me deu o troco, agradeci e a fila finalmente andou.

Enquanto guardava as moedas na carteira, pensei, em átimos de segundos, como faria para encarar, de frente, a plateia que testemunhou a cena. Nesse momento crucial, veio a brasileira, a carioca, em meu socorro. Pensei: "Ah, querem saber? Sou estrangeira, não domino a língua, e os estrangeiros, quando vão à minha terra, pagam os mesmos monkeys". Assim sendo, fechei a bolsa, levantei a cabeça e me dirigi, olimpicamente, ao único lugar que restava no primeiro andar. A fila andou rapidamente (não havia outro estrangeiro) e logo o ônibus zarpou para me deixar cinco minutos à frente, no meu ponto. Sim, eu estava a apenas cinco minutos do meu bairro, mas a London Road, à noite, naquele trecho, era muito deserta para uma caminhada. E eu sequer sabia que estava tão perto de casa.

Na hora de saltar, já relaxada, achei por bem agradecer novamente o motorista, que respondeu com um discreto balançar de cabeça. Saí caminhando pela Merewood Avenue, a minha avenida, e caí na risada quando me dei conta de que o bairro que eu disse primeiro era simplesmente o do nome do filme inglês, Noting Hill, um charmoso bairro londrino. Toda a confusão por causa de um mero "Sand", já que o Hills era igual. Não foi à toa que o motorista saiu da cabine ao ver uma passageira tão desorientada – no idioma e na geografia. Well, o monkey foi maior do que eu pensava. Imaginei o que viria pela frente.

Cheguei pouco depois das sete da noite. Estaria muito atrasada? Mummy and daddy vieram me cumprimentar e saber como havia sido o primeiro dia na escola. Eu, meio atrapalhada com a pergunta de supetão, soltei um good" empolgado, e acrescentei, enfática, "very good!" Tinha vontade de contar as novidades, mas é impressionante o que a falta de fluência e a súbita amnésia de um parco vocabulário fazem com a gente nos primeiros dias de expatriação. As palavras mais elementares simplesmente não vinham, e não era por timidez, que desse mal não padeço. Era o branco, mais alvo do que nunca. Nem ousei contar meu mico, que o drama seria maior. Ainda mais quando os interlocutores são nativos que dominam o idioma com classe e pronúncia perfeitas, como era o caso dos dois, especialmente de mummy, sempre falante, curiosa, perspicaz.

Achei melhor subir, deixar meus pertences no quarto e lavar as mãos para o jantar, que já estava pronto. Em dez minutos, estávamos os quatro – com exceção de daddy, que nem sempre jantava – à mesa, comendo uma espécie de "feijoada de almôndegas": uma carne vermelha com molho e outros elementos não identificados (por mim). Delicious! Enquanto meus brothers e eu comíamos, a conversa girava em torno de política, do sistema de impostos inglês, das perspectivas econômicas no Reino Unido. Quem mais falava era mummy. Nós, ou melhor, eles, os rapazes, faziam perguntas e ela dissertava sobre tudo com tamanha segurança que me tornei praticamente uma ouvinte. Ou melhor, ouvinte do que eu conseguia entender, já que ela cultivava, com orgulho, o vocabulário tradicional. E ainda nos corrigia quando falávamos algo errado ou com a pronúncia errada.

Eu pedi que me corrigisse sempre. Daria mais trabalho às partes inativas (e desconhecidas) de meu "cérebro britânico", mas era exatamente o que eu queria: aprender, apreender o máximo possível, com a pronúncia correta. Pensei nas colegas brasileiras com quem tinha conversado à tarde e que estavam com problemas em suas homestays. Uma, de seus 50 anos, estava em uma casa com mais oito students – ou seja, uma "pensão". Não era o que ela esperava. A outra, na faixa dos 20 anos, reclamou muito dos parents (pai e mãe) "antipáticos e fumantes". Ela já tinha pedido para mudar de casa. A direção da escola estava providenciando a mudança.

Olhei para C., que agora discorria com autoridade sobre o governo Margareth Thatcher, e só pude pensar que tive sorte, muita sorte. Aprenderia tanto na escola quanto em casa. Um privilégio. Por outro lado, teria (teríamos) de nos acostumar com sua franqueza. No dia seguinte, o assunto à mesa foi a Sérvia, sua história recente de guerra, necessidades e pobreza, segundo o próprio brother. Dali a conversa foi para as condições das mulheres na Sérvia e no Oriente Médio. C. perguntou ao brother se os homens ainda eram mais valorizados nas famílias sérvias, principalmente quando se tratava do primeiro filho. S. disse que sim, meio constrangido com o tom de interrogatório, e C. arrematou: "No Oriente Médio ainda prevalece the chauvinism (o machismo)". S. ficou sério. A contrariedade era evidente.

That's C., our mum (diminutivo de mummy).

Decidi evitar o rush matutino no banheiro. Passei a tomar banho à noite, antes de dormir. Assim, deixava um tempo a mais para os rapazes, que ainda tinham a função diária de fazer barba. Escolhia a roupa de véspera, para não perder tempo com o que não estava acostumada: combinar calça comprida, blusa, casaco, casacão ou capa, cachecol, bota, sapato ou tênis, além dos acessórios. Como a temperatura estava sempre entre 14°C e 16°C, o figurino era basicamente o mesmo.

Saía enroscada feito cebola, me sentindo a mais elegante moradora de Merewood Avenue. Desde o primeiro dia, assumi minha porção oxfordiana. Uma estudante-moradora deslumbrada com o frio e os novos ventos do figurino europeu. Para uma carioca acostumada a andar de vestido de alça e sandália rasteirinha, bermuda e blusa sem manga quase o ano todo, era uma big e bem-vinda mudança.

Como meus brothers e eu tínhamos schedules (programas) diversos, passamos a ir para a escola em horários diferentes. Assim que me despedia de mummy and daddy, muitas vezes com dois beijos — o que deixava daddy nitidamente embarrassed (envergonhado) e contente, porque eles não são beijoqueiros, mas gostavam do carinho, ah, se gostavam! —, pisava na rua com um suspiro de satisfação. Conforme o horário, caminhava mais ou menos rápido, mas sempre observando as casas com janelas sempre fechadas, as poucas pessoas, os hábitos locais como a placa proibindo as crianças de brincarem nas ruas, os donos de cachorros catando as sujeiras no chão, a forma discreta como me olhavam, certamente identificando uma estrangeira. Levava de oito a dez minutos até chegar à estação de Thornhill e pegar meu bus verde, dois andares, lindão. Aquilo, sim, era um busão, e não como no Rio se convencionou chamar os ônibus. Em Florianópolis, é "latão". Ah, a criatividade brasileira...

Depois de uns quinze a vinte minutos no busão, às vezes eu saltava antes do ponto, dependendo do tráfego, e caminhava mais uns dez, doze minutos por uma rua cercada por uma floresta (área protegida por lei) até chegar à escola. Se me atrasava em algum desses percursos, tinha de compensar, correndo em outro. Foi o que aconteceu justamente no primeiro dia de aula (propriamente dita). A queue (fila) para o banheiro, in my homestay, demorou tanto que só consegui descer para o café às 8h30, e a aula começava às 8h45. Engoli um iogurte, um pouco de café e saí correndo, em todos os percursos. Cheguei à escola suada, pedi licença para entrar na sala e me "descebolei" por inteiro, de tanto que suava.

Como era o primeiro dia, o professor, um inglês de 27 anos, olhos verdes, quase careca, expressão friendly (amigável), pequeno brinco de prata numa orelha, felizmente, ainda estava se organizando. Na hora da chamada, conheci meus... classmates or colleagues (colegas de classe), como explicou teacher, me deixando mais "pimpona" a cada palavra que ia reconhecendo.

Na class havia: duas espanholas (universitárias em seus países); um iraniano, simpático e falante; um italiano com cerca de 40 anos, bem-humorado e participativo; um húngaro de mais de 40 anos, esforçado e totalmente desconcertado porque não entendia *na-da* de inglês (não sei por que não o colocaram no nível 1); um esloveno, arquiteto formado e muito educado; um líbio, assumidamente ambicioso e com extremo senso de humor, que dominava razoavelmente a fala, mas se confundia na gramática; e um chinês, de 24 anos, formado em Direito, calado, que também mal entendia o básico e ficaria nove meses na escola. Quando teacher tentou, atrapalhadamente, falar seu nome em chinês, ele o interrompeu, dizendo, num só fôlego: "Call me J." (Chame-me de J.), provocando risos na turma e no professor.

Durante a chamada, teacher fazia perguntas pessoais: de onde era o aluno, o que estudava ou no que trabalhava e qual o objetivo de fazer um curso em Oxford. Assim, ouvimos uma breve história de cada um. E também que não havia grandes diferenças nos níveis de fluência e de vocabulário. Ou seja, ali se gaguejava muito à procura da palavra adequada, ou mesmo da mais simples. Pior quando dava o total white (branco total) e o desmemoriado fazia um esforço comovente – e constrangedor –, diante de uma sala muda, na expectativa da lembrança do colega.

O total white era fatalmente democrático: atacava a todos os alunos, em vários momentos, em todas as aulas. Quando não havia solução, o professor interferia para tentar traduzir o "indefinível", o "irreconhecível". E sempre conseguia, porque era competente. Sabia a hora de brincar e a de brecar os risos incontidos diante de engasgos e estragos à língua do bardo.

Naquele dia, as duas primeiras aulas, de 45 minutos cada, seriam com ele (com intervalo de 15 minutos entre elas). Teacher começou fazendo dois jogos que estimulavam a interatividade e o relacionamento entre os alunos. No primeiro, com a turma dividida em grupos de três pessoas, deveríamos desvendar o assassinato da vizinha rica de uma certa enfermeira Betty Hudson, a única pessoa que tinha acesso diário à casa da falecida. Teacher deu várias informações sobre os passos da enfermeira no dia do crime, e nós teríamos de montar o quebra-cabeça e apontar the murderer (o assassino). Era uma forma lúdica de trabalhar vocabulário e fluência entre os grupos. Concluímos que a enfermeira era a culpada. Hora do recreio. Teacher fez mistério.

Descemos para um café, um chá, bater papo, o que ainda não era exatamente fácil. Mas valia o esforço. Voltamos à sala mais soltos, mais próximos. Antes de começar outro exercício interativo, o professor confirmou: a enfermeira era mesmo the murderer (a assassina). Depois, dividiu novamente a classe em grupos para organizar an auction (um leilão). Teacher deu quinze frases sobre conhecimentos gerais e os grupos deveriam "apostar dinheiro" nas que consideravam verdadeiras – uma maneira de aprender o vocabulário ligado ao que se relacionava a dinheiro, investimento, moedas etc. Fim do jogo: vitória do Democratic (líbio, esloveno e italiano), com seis pontos; em segundo, Peace (italiana, húngaro e eu), 3 pontos; e, por último, Powerful (iraniano, chinês e espanhola), 2 pontos. Conclusão da turma, às gargalhadas: este último, com nome pomposo, não tinha nada de "power" (poder), muito menos de "full" (cheio), juntando ambos, powerfull (poderoso).

Outro intervalo, desci correndo para tentar a conexão, consegui um bom lugar, pluguei o cabo e... voilá! Finalmente em linha direta com minha família, amigos e a comunidade News from Oxford, que já tinha várias mensagens. Escrevi tão avidamente, contando as novidades, que não percebi que aquele não era o intervalo do almoço. E, lamentavelmente, tinha perdido a terceira aula da manhã. Fiquei chateadíssima. Não bobearia mais com meu weekly schedule (calendário semanal).

A hora do almoço era inconfundível. Todos desciam ao mesmo tempo, faziam filas enormes, falavam alto, sem contar o som gritante da televisão ligada em programas que supostamente seriam vistos pelos estudantes.

Um barulho incômodo para quem, àquela hora, estava num "bode" bem brasileiro, misto de sono com cansaço mental de estar pensando e falando inglês há 72 horas. Nessa situação é preciso uma atenção redobrada e um esforço ainda maior para pensar, lembrar, raciocinar, se relacionar. Uma overdose para Tico e Teco, ou, "Táico" and "Tícou", numa (bizarra) versão "britânico-brasileira", em termos "fonéticos". Portanto, havia momentos em que eles, os dois neurônios, não reagiam. E nem poderia culpá-los.

Mas estava decidido que eu não faria como a maior parte dos estudantes, de vários países, que nos intervalos, e até mesmo nas aulas, costumavam ficar entre si e falar em sua língua natal. Com os brasileiros era a mesma situação. Qualquer intervalo e eles – mais de dez, de diferentes cidades – se reuniam na mesa do refeitório e conversavam em português. Juntava-se a eles um dos cozinheiros da escola, também brasileiro. O grupo costumava sair junto à noite.

Nos primeiros dias, insisti em falar com eles em inglês. Mas quando vi que a dinâmica era essa – cada tribo na sua língua –, dei meu jeitinho. Conversava em português com meus patrícios quando os encontrava nos intervalos e no almoço, o que virou meu recreio mental, é preciso reconhecer. Mas me relacionava mais com colegas estrangeiros, para me forçar a falar in English e conhecer outras culturas e comportamentos. Tudo pela diversidade.

Nem todos sentem assim. Mesmo alguns students mais maduros, na faixa dos 40, 50 anos, acabavam reproduzindo o comportamento "tribal", seja por dificuldade com o novo idioma, pela necessidade de fazer amizade ou para driblar a companhia frequente neste ensaio de sobrevivência: a solidão. Ela permeia tudo, o tempo todo. Pode ser a glória ou o desastre, dependendo da pessoa e de seu objetivo.

Pensando bem, em relação aos adolescentes — havia muitos de 16, 17, 18 anos — e jovens, não poderia ser diferente. Eles vivem em bandos, em tribos, por que aqui seria diferente? Alguns estavam completamente à vontade, principalmente depois das primeiras semanas, quando formavam seus grupos e se divertiam só de estar no "coletivo". Saíam em bandos, à noite, para papear, dançar, beber (os que tinham mais de 18 anos), e alguns até faltavam à aula no dia seguinte, porque não conseguiam acordar.

Mas nem tudo era festa, alegria ou algazarra. Vários estudantes, distantes das famílias, dos costumes, dos(as) namorados(as), não se sentiam à vontade. Havia os desorientados ou até desapontados com a nova vida, especialmente os que foram com planos de ficar de seis a nove meses. Esses, às vezes, dava vontade de botar no colo. Falavam de sua terra com tanta saudade que passei a conversar com alguns deles, na tentativa de que percebessem o privilégio de viver um tempo fora de seu país.

Uma universitária equatoriana de 21 anos tinha ido para uma temporada de seis meses. Com um mês e meio de curso, já estava decidida a ficar no máximo três, porque sentia muita falta da família e do namorado. Bom, três meses já era alguma coisa. Até que ponto vale a pena mandar um jovem para uma temporada longa se ele não quiser ou não se adaptar a viver tanto tempo fora?

Dependendo do temperamento da pessoa, uma temporada de dois, três meses pode ser mais produtiva e menos angustiante. Pensei na viagem que fiz sozinha, aos 24 anos, a quatro cidades – Miami – México – Cuba – Nova Iorque. Adorei me sentir adulta e independente, mas passei por momentos de desabrigo, saudade da família, do meu canto. Comparei com a temporada que vivia agora e o extremo prazer de estar livre para fazer o que quisesse. Em certas horas, idade é documento. Passar por certas vivências diárias – como o entardecer num lugar frio e chuvoso, que convidava à melancolia – não era uma experiência qualquer. Definitivamente.

DESMITIFICANDO...

Não somos "eternamente felizes" numa viagem ao exterior, seja para um curso, turismo ou qualquer atividade.

Minhas reflexões foram interrompidas pela alegria contagiante de minha amiga israelense, que adentrou o refeitório e me deu um abraço e um beijo estalado. R. era o afeto em pessoa. Sensível, inteligente, solidária, e uma das raras students sem laptop. Estava especialmente feliz porque tinha conseguido falar pela primeira vez com o boyfriend, com quem morava há seis anos. Pensei em explicar que, na minha terra, isso tinha um nome: namorido. But, it was very complicated (Mas, era muito complicado). Quem sabe na última semana de curso...

Todos os estudantes usavam seus próprios laptops para falar com suas famílias, de preferência pela web cam. R. usava os computadores do ILAB nos horários vagos, e às vezes pedia o meu emprestado. Naquele dia, ela precisava comprar uma mac (capa de chuva) e me convidou para ir ao centro da cidade. Aceitei na hora. Fomos passeando e tirando fotos no belíssimo caminho entre a escola e o centro. Passamos sob uma ponte secular, linda, que cruzava um ponto florestal da London Road e seguimos pela calçada de um parque imenso e arborizado, onde as pessoas aproveitavam os dias de sol para piqueniques, esportes ou simplesmente para relaxar.

Íamos divagando, brincando, conversando sobre vários assuntos, ou sobre alguma coisa que observávamos pelo caminho. Tinha momentos (muitos momentos!) em que eu a "enervava" com minha escassez vocabular. Eu ria enquanto ela fazia escândalos teatrais, dizendo que voltaria crazy (louca) da viagem por minha causa. Eu dizia que ela não fazia mais do que a obrigação, já que era "the best student between us" (a melhor aluna de nós duas). Nessa brincadeira, foi com ela que aprendi a me soltar e a não ter medo de falar errado. Grande R.!

Num determinado momento, ela disse que precisava ir ao banheiro, urgentemente. Nós já sabíamos que os donos ou atendentes de pubs and restaurants não gostavam ou simplesmente não deixavam as pessoas usarem o toilet sem consumir nada. Com a "bexiga estourando", pelo que pude depreender do que R. me disse, ela resolveu arriscar num pub, ainda vazio, às 4h da tarde. Entramos, ela deu boa-tarde e perguntou se poderia usar o toilet. O barman, very friendly (muito simpático), indicou o caminho. Mal acreditamos.

Diante da acolhida, encostei-me no bar e fiquei apreciando a arrumação das garrafas viradas para baixo, as máquinas de chope, os copos – como são charmosos os pubs – e comentei que o uísque era caro na "região dos uísques". Ele perguntou de onde eu era e eu disse que no Brasil o uísque era very expensive (muito caro) e que esperava encontrar preços cheaper (mais baratos) in England. E, de quebra, ainda reclamei do tamanho da british shot (dose britânica), menor que a brasileira – e sem direito a "chorinho", tive ímpeto de falar, se não fosse impossível traduzir ou explicar a expressão. Quando saímos do pub, orgulhosa de minha primeira conversa com um cidadão inglês (apesar de umas "rateadas"), contei minha performance para minha amiga. R. me deu um parabéns eloquente, um abraço e... sinceramente, fiquei na dúvida se estava me elogiando ou me sacaneando (em bom português).

Bateram seis horas no belíssimo e secular relógio do alto da torre do Carfax, no coração da cidade, bem no final da High Street. Despedi-me de R. e peguei meu busão para não perder the best dinner (o melhor jantar) of Oxford. "To Thornhill, I'm going"! Disso eu não esqueceria mais.

Em casa, fui recebida calorosamente por my parents, que sempre perguntavam: "How was your day, good?". (Como foi seu dia, bom?) Dessa vez, disse que tinha sido great (ótimo), porque tinha passeado com minha amiga pelo centro da cidade, que era "very nice, wonderful" (muito bonito, maravilhoso). E ainda fui além: "I love to walk in the streets of Oxford". (Adoro andar nas ruas de Oxford). Se não chegaram a se impressionar com meu inglês, certamente perceberam a diferença em relação ao dia anterior. Mum respondeu com um good e anunciou, como fazia diariamente: "The dinner is almost ready." (O jantar está quase pronto).

Jantamos às 19h10, com a presença de daddy, e a conversa girou em torno de Sérvia, Brasil, ditaduras, democracia, enfim, política, novamente. Dessa vez, Táico e Tícou não decepcionaram. Consegui entender a maior parte da conversa, dei opiniões, fiz perguntas. O assunto mudou para a história de mummy and daddy, que foram donos de um pub em Oxford durante mais de vinte anos. Quando fui fazer uma pergunta, C. corrigiu minha pronúncia ao falar pub. Eu disse algo como "pãbi", ela corrigiu para "pab" com um "b" mudo, quase inaudível, e um som de "ae" no lugar do "u" (conforme a fonética britânica). My brother sérvio caiu na risada com minha pronúncia tupiniquim. Ele tinha uma gargalhada contagiante, que tomou conta de todos, inclusive de mim.

Mas aí me lembrei da correção que C. tinha feito da pronúncia dele, na véspera, ao falar "Thornhill". Coloquei a palavra na roda e pedi para ele pronunciá-la conforme ela tinha nos ensinado: com a língua entre os dentes e o som de "Sórniril". Mas ele não conseguia falar com a língua entre os dentes de jeito nenhum. Ela ensinava, ele tentava e... o máximo que conseguia era "Tórniril". Enquanto isso, eu repetia, com a língua entre os dentes e rindo da dificuldade dele: "Sórniril, Sórniril". Ganhei um "good, very good" de mummy-teacher. Fui dormir com a alma lavada. S. falava muito melhor do que eu, era verdade, mas não tinha facilidade na pronúncia. Ha-ha-ha!

NEWS FROM OXFORD

Comunidade que criei no Orkut em 12 de setembro 2008 (um dia antes da viagem).

Descrição:

Amigos e quem mais chegar por estas bandas: por enquanto, é "News from Oxford". Mas, à medida que o tempo passar, nas cinco semanas em que farei um curso intensivo de inglês na terra dos estudantes e dos escritores, talvez ela se transforme (também) em "Monkeys in Oxford". Seja como for, o objetivo é criar uma linha direta com quem se interessar em saber como é a rotina de uma estudante — que não domina o idioma — em terra estrangeira.

Ah, sim, Oxford é apaixonante. Tem uma das universidades mais antigas do mundo — construída no século XII, onde recentemente foram feitas cenas de filmes de Harry Porter —, muita História, Arquitetura e estudantes de todos os lugares do mundo. Welcome!

De Cátia
Para News from Oxford

Hi, meu povo!

Desculpem a demora nas notícias, mas eu simplesmente não conseguia me conectar. Só hoje, no terceiro dia de aula, consegui a conexão, uhu!

Oxford é linda, magnífica, cheia de torres, castelos e, o melhor, sem chuva até agora. Minha "família" é ótima e tenho dois brothers. Na escola, gente do mundo todo, muitos jovens e alguns, podem acreditar, piores do que eu no English. Tenho muito a aprender, a viver, uma sensação indescritível de pertencer a outro mundo, uma nova rotina, numa cidade sem violência. I can't believe. Beijos!

De Michael
(Nova York)

"Eu quero detalhes do folclore local: testemunhou os gramados verdejantes dos british fields (campos verdes) à la Asterix? Reparou que tem pessoas que realmente caçam borboletas vestidas com shorts tipicamente... ingleses? Apreciou as placas que existem no país? A primeira delas no aeroporto: "É proibido bater no agente alfandegário". Extasiou-se com a culinária local, notadamente o pudim de rim? Ficou esbarrando nos ingleses para que ELES pedissem desculpas?

De Cátia
Para Michael

(Risadas) Reparei nos lindos campos verdejantes, não vi ninguém caçando borboletas – ainda –, não comi pudim de rim (nem pretendo), vou tentar ver a tal placa do aeroporto quando voltar e, sim, eu e um inglês NOS esbarramos, numa esquina movimentadíssima, e ele disse "sorry" umas três vezes. Mal tive tempo de pedir desculpa.

De Carlos
(Goiânia)

Catita!

The book is on the table pra você também!

De Renata
(Minas Gerais)

The book is on the table.
The pencil is red.
And the most important
How are you?

De Cátia
Para Carlos e Renata

(Risadas...) Olhem, estou passando uns bons apertos aqui. Outro dia, na aula, eu lasquei um "dórer" (a pronúncia americana para "daugther" – filha) e o professor não entendeu. Ficou me olhando como se tivesse ouvido uma ET, eu tentei de novo e, depois de um tempinho de reflexão, ele concluiu: "Ahhh, dóta" (ou algo próximo disso). Ou seja, tenho que reverter o pouco do "americano" que sei para o "british accent" (sotaque britânico). God save me. Kisses.

Quarto dia de aula. Minha primeira class era às 10h20. Acordei mais tarde, tomei café com calma, saí sem pressa e, quando estava chegando à estação, começou a típica garoinha inglesa. Voltei para pegar meu umbrella (guarda-chuva). Uma amiga experiente na meteorologia de UK tinha me alertado para nunca tirá-lo da bolsa. Tirei, e me atrasei para a primeira aula, no ILAB.

Havia mais de cinquenta computadores na sala lotada, e os poucos disponíveis àquela hora não funcionavam. Reclamei com a teacher: "Please, the computers doesn't work". (Por favor, os computadores não funcionam). Ela respondeu que, na verdade, estavam lentos. Na realidade, lentíssimos. Consegui fazer poucos exercícios sobre o tema em questão: verbos no present perfect e simple past. Saí irritada. Impliquei com o ILAB. Achei os exercícios, jogos e atividades boring (chatos). E ainda me davam sono. Mas havia quem gostasse.

Em compensação, a segunda aula, de conversação, foi para tirar o sono de qualquer um. The teacher, um louro alto, cabelo tosado, voz firme e timbre de tenor, fez um interrogatório com cada aluno. Curioso, bem humorado, acelerado, e, pelo visto, um viajante contumaz, teceu comentários sobre os países de alunos que vieram de Teerã, Eslovênia, Ilhas Canárias. Quando eu disse que era do Rio de Janeiro, ele soltou o vozeirão:

— Ah, Flamengooooo!

— The best! – respondi, de bate-pronto, rubra de orgulho.

Depois foi a vez do húngaro, que mal falava, dizer no que trabalhava. Nervoso, sem conseguir sequer dar uma pista da profissão, pediu ajuda ao esloveno. Eles tiveram um breve diálogo e só então o esloveno nos disse que ele era assistente (ou algo parecido) do diretor de uma empresa. Quando descobriu que M., o italiano, era de Bergamo, teacher trovejou, teatralmente:

— Oh, I loooove Bergamo, is beautiful! (Eu amo Bergamo, é linda). But Milano is... (Mas Milão é...) — fez uma careta, com o dedão para baixo e a língua de fora, exagerando na careta.

A class de Mr. Trovão passou rápido. De mais importante, o alerta que ele fez em relação à pronúncia: o de que havia diferenças mesmo entre ingleses de cidades diferentes (como acontece em qualquer país). Portanto, não deveríamos nos preocupar demais com a "pronúncia perfeita", e sim com sermos entendidos. No mais, disse ele, havia uma corrente local que considerava a região de Oxford e arredores uma das áreas da melhor ou da mais tradicional pronúncia britânica.

Intervalo de uma hora para almoço e depois mais duas aulas de gramática até as 17h. No final da última aula, teacher S. fez um teste com o conteúdo da semana, que incluía verbos no past simple (exemplo: open / opened — abrir / aberto) e present perfect (que vem a ser o presente do verbo ter, have, mais o particípio passado do verbo em questão: Ex: We have worked / Nós temos trabalhado). Ah, sim, tudo isso na voz ativa e na voz passiva, more adverbs, questions tags and another subjects (mais advérbios, questões de "etiqueta" e outros assuntos). Fiz o teste nos 45 minutos regulamentares com a impressão de que não fui (tão) mal.

Saí da escola com "fumaça" na cabeça. Foram tantas informações e exercícios além do teste, que me senti... embaralhada, aturdida. Será que no início era assim, a gente tinha a sensação de que desaprendia, que confundia o pouco que sabia com o muito que estava aprendendo?

Peguei a mochila, a bolsa, me enrosquei no casaco, casacão, cachecol e saí caminhando pela alameda cercada de mato. Não estava em condições de falar com ninguém, de pensar em nada, porque embaralharia ainda mais minha caixa – craniana. Imaginei que, com o tempo, as aulas de conversation (conversação), grammar (gramática), vocabulary (vocabulário), listening (ouvir), reading (escrever) e mais os exercícios, my new brain (novo cérebro) anglo-brasileiro encontraria alguma forma de tradução simultânea, ou instantânea, ou momentânea. Ele teria de dar um jeito, porque eu ia aprender. Ah, se ia!

DA SÉRIE "PARA BRASILEIRO VER"

(1) Da escola, peguei um ônibus para o centro. Precisava mandar umas encomendas para o Brasil. Como me sairia no correio? Bem, daria um jeito, caso Táico e Tícou não colaborassem. Foi só pensar em jeito e na associação com "jeitinho" que reparei em alguns costumes locais familiares aos nossos: por exemplo, os ingleses atravessam a rua fora do sinal. E como!

(2) Saltei do ônibus, fui perguntando aqui e ali, e cheguei ao correio. A queue (fila) era grande. Enorme. Comprei o envelope, enderecei, entrei na fila e... quarenta minutos ou mais em pé, esperando atendimento. Havia umas oito cabines, uma beleza! Mas em apenas três tinha

funcionário. Hummm... Qualquer semelhança com nossa realidade seria mera coincidência?

Cheguei em casa mais cedo, ali pelas 18h30, e me lembrei do vinho que tinha comprado na véspera, numa bem provida off-licence (loja de bebidas alcoólicas, in UK; ou liquor store, in US), em High Street. A loja foi um achado. Vendia bebidas de vários países e tinha um vinho tinto de fabricação própria, que os atendentes me garantiram ser de boa qualidade. O preço era melhor ainda: três pounds (o equivalente a pouco mais de 12 reais). Nem pestanejei.

Estava pensando justamente no wine quando abri a porta de casa e o delicious smell (cheiro delicioso) da comida de mummy me arrebatou os sentidos, entrou por todos os poros, desembaralhou my brain. E me fez perceber que eu já raciocinava parte em british, parte em português. Incredible. Fui tomada por uma doce sensação de pertencimento. Entrei, cumprimentei my parents and brothers e subi para meu quarto, minha casa, meu canto.

Abri a garrafa de tampa, e não de rolha, para comemorar com my family, no jantar, o confortável sentimento de intimidade. Foi o que a special food from C. (comida especial de C.) e o ambiente acolhedor passaram a produzir em mim a cada chegada, a cada tempero, a cada anoitecer.

Na aula seguinte, nosso eficientíssimo teacher S. levou todos os testes já corrigidos. Para alguns, que queriam imediatamente passar de level (nível), era questão de vida ou morte. Para outros, era apenas uma forma de avaliar o conhecimento. Eu estava neste caso, mas fiquei desapontada com minha nota: 40, de 100. Além de vários erros bobos, descobri que não tinha visto as duas últimas páginas do teste, que ficaram em branco. No comments (sem comentários).

A maioria dos colegas não foi bem. Mas teacher nos deu um colo: aconselhou-nos a não nos preocupar com o resultado do primeiro teste e garantiu que evoluiríamos na segunda semana. Realmente, o resultado da primeira semana foi fraco em grammar, mas eu estava me soltando cada vez mais nas conversas. Isso não aconteceria se eu estivesse num curso no Brasil, falando em português fora de sala.

Depois da primeira semana de aula em Oxford, concluí que, em termos de currículo, aprendizado e professores, os bons cursos brasileiros não deixam a desejar a uma escola como esta, que tem 40 anos de existência e unidades instaladas em todos os continentes. Meus colegas de turma achavam o mesmo em relação aos cursos de seus países.

E também concordaram que a diferença fundamental era a de passar pela experiência abroad (no exterior), ser obrigado a pensar, falar, ler e escrever num novo idioma o tempo todo, durante semanas ou meses. A vantagem de ter professores nativos é que eles só falam na língua local, ao contrário dos cursos nos países de origem, nos quais é comum os professores darem algumas explicações na língua natal. Enfim, o fato de termos de "nos virar" no dia a dia com o parco (ou nem tanto) vocabulário, num esforço concentrado de pensar e falar outra língua 15, 16 horas por dia, was good for improving (era bom para melhorar) nosso conhecimento, de forma mais consistente.

A única restrição da primeira semana foi uma atividade semanal chamada Lecture (Palestra), que deveria ser sobre algum tema de interesse específico dos alunos, dentre uma lista de assuntos. Eu tinha escolhido previamente (ainda no Brasil) literatura. Mas não foi bem assim. A primeira Lecture, com uma boa professora, porém excessivamente animada e preocupada em ser "interativa" com o auditório lotado, foi sobre o... Canadá (?), incluindo índices de população e outros itens pouco degustáveis. Nada contra o Canadá, mas por que aquele tema? Saí uns dez minutos antes do final, sussurrando um excuse me, que a teacher certamente nem ouviu. Nada polite de minha parte. Mas, também, que palestra despropositada era aquela?

Como não teria mais aula, resolvi ir ao centro para fotografar. Era uma das melhores formas de cool down (esfriar a cabeça). Mais uma bela expressão para my british vocabulary.

SONORIDADES

Quinto dia de aula, final da primeira semana de curso. Fui tomar my breakfast, encontrei daddy na cozinha e disse: "Good morning, how are you?" Ele respondeu, com o sorriso de sempre:

— Not so bad. (Não tão mal.)

Uma típica expressão inglesa. Adorei. Entrei na fase de apreciar a sonoridade das palavras e expressões. Pulei do "embaralhamento" (ou "engarrafamento") do aprendizado para o prazer das descobertas.

CAPÍTULO TRÊS

E o vento (nos) levou

NEWS FROM OXFORD

De Marcos
(Campinas, SP)

E a cerveja aí, é mesmo quente? Isso eu não aguentaria...

De Manoel
(Pelotas, RS)

Cátia, conte-nos acerca da noite. Como te sentes adormecendo em terras distantes, longe dos ruídos característicos de Ipanema? Como sou pintor, descreva-me a saudade que sentes em cores. Abraços!

De Cátia
Para Marcos e Manoel

Ontem finalmente fiz meu debut no "bolicho" (pub) inglês com uma brasileira, que me convidou para o happy hour. Não sou de cerveja, mas estava curiosa para provar a daqui, especialmente a black. Eram seis da tarde e o pub já estava "bombando" de ingleses tomando beer, a maior parte deles em pé (como eles costumam ficar, próximos ao balcão, bebendo e conversando). Marcos, aqui a gente tem de pedir a cerveja cold (gelada), senão ela vem na temperatura ambiente. Claro que a cold daqui não é como a daí, mas é gostosa. Se a gente quer o copo de chope "normal", como o dos brasileiros, tem que pedir half (metade), do contrário eles colocam naqueles copázios, os preferidos dos ingleses.

Voltei para casa com o "vum" dos dois chopes guiness black (half, evidentemente), barriga vazia, cabeça fervilhando, e me veio justamente a pergunta que você fez, Manoel: quem sou eu, neste momento? Brasileira? Não. Carioca? Menos ainda, tal a tranquilidade daqui. Estrangeira? Só no papel, porque estou à vontade até nos micos. Na realidade sou outra pessoa, que ainda estou conhecendo, mas, pelo que tenho visto, maravilhada com a experiência.

Mesmo com o céu predominantemente cinza da cidade, do país, esta "pessoa" se sente colorida. Um arco-íris de descobertas, surpresas, possibilidades. Na verdade, sinto que "ela" pertence a todos os lugares. Essa liberdade de flutuar por sensações, olhares, gestos, cheiros, abroad e alone (fora do país e sozinha), é realmente sedutora. Ela tenta não ver com olhos de turista, aqueles que se enganam ou se iludem à primeira impressão. Tenta sentir, viver, entender, pelos olhos da alma. Mas como, se ela — a alma —, arrancada de sua rotina, anda meio rebelde e só faz o que quer?

Bom, sei que ontem ela (a alma) e o corpo entraram numa discussão para saber de quem é a "culpa" pelas novas sensações. Não chegaram a um entendimento, mas o corpo convidou a alma para um programa imperdível: uma visita a Londres, no primeiro final de semana de folga. Ela aceitou na hora. Parece que vão sozinhos, mas espero que, na última hora, me convidem.

Marcinha
(Araraquara, SP)

Nossa, benhê, que doideira de emoções e sentimentos... Mas estou entendendo. Você está vendo um filme e participa desse cenário, ou seja, ele é real, mas você não é a nossa Catita, é a Catita britânica, que também não pertence a esse mundo, mas agora o integra. Curta muito! Mas, vem cá, será que não vai dar branco no inglês, sozinha, em Londres? Que coragem! Beijão.

Cátia

Gente, que papo "cabeça", ou melhor, que papo brain (rs) — ou melhor, brainy (cerebral), olhei no dicionário, claro! London, tomorrow, aqui vou eu! Um professor falou que a pronúncia dos ingleses e dos demais cidadãos da capital é complicada, principalmente a dos motoristas de táxi e ônibus. Mas já sei onde tenho que saltar e onde pegar o ônibus na volta para Oxford. Vou levar meu dicionário e, no mais, me perder em Londres não será exatamente um problema.

Kisses for all.

Separei meu vestido novo, de inverno, minha bota de cano alto e um belo cachecol para abalar London. E, em seguida, me "abalar" com o – sucessivamente – preço da passagem Oxford-Londres (£18,00, ida e volta, ou cerca de oitenta reais, por uma hora de viagem); o passeio de ônibus turístico pelos lugares mais conhecidos de Londres (£ 22,00, ou cerca de noventa reais, e se não parar de converter vou enlouquecer); and, finalmente, já na cidade, me absolver com a certeza do investimento bem feito.

Aí, fiquei abaladíssima... com a beleza das construções centenárias, a preservação dos monumentos, da arquitetura, a organização, a limpeza dos logradouros, em geral. E o mais surpreendente: com a sensação de normalidade em relação à suposta paranoia de atentados, apesar do estilo big brother. Londres tem a Big Eye, a roda-gigantesca à beira do rio Tamisa, mas os eyes (olhos) das câmeras de vídeo instaladas nas ruas de toda a cidade não fecham nunca, e perscrutam a vida dos cidadãos 24 horas por dia.

Há muitos anos não ia para lá. Foi como a primeira vez. O céu de um azul tropical, o clima agradabilíssimo – tirei o casaco e o cachecol, bastou a manga comprida do vestido –, a cidade lotada de turistas nos pontos mais badalados, os ingleses e estrangeiros acorrendo às lojas em liquidação, os pubs fervilhando. As cabines públicas de telefone continuavam vermelhas, mas os ônibus de dois andares foram modernizados (embora ainda se encontrem alguns antigos) e os cabs (táxis), antes todos pretos, ficaram psicodélicos. Coloridíssimos, com desenhos. Estranhei. Difícil achar um cab preto.

Caminhei pela área lotada do Palácio de Buckingham, no horário da tradicional troca de guardas, passeei pelo badalado e imenso Hyde Park e...

DESMITIFICANDO...

A vegetação e as plantas do famosíssimo Park não estavam bem cuidadas, a grama era irregular e maltratada, havia sujeira por toda a parte, mas todos aproveitavam o dia de sol e "calor" outonal – uns 16 graus – para caminhar, andar de patins, namorar, bronzear-se.

Às três da tarde, meu estômago deu o ultimato. Fui atrás do Sherlock's Holmes Pub, que tinha visto no mapa da cidade. Um bar frequentado pelo autor do renomado detetive? Precisava conhecer. Fui para a área próxima, indicada no mapa, mas me perdi. Perguntei para uma inglesa, ela me deu a direção, enquanto ia olhando o mapa, para ver se estava no local correto e...

O SEGUNDO MONKEY A GENTE FAZ DE CONTA QUE NÃO ACONTECEU...

...nessa história de ficar olhando o mapa, não percebi o perigoso degrau na rua and... I fell in the street (eu caí na rua). Caí, não. Tomei um tombaço, me estabaquei, em bom português. Só não tive nenhuma sequela maior porque apoiei as duas mãos antes de me estatelar no chão. Detalhe: isso aconteceu a poucos passos de uma casa centenária, onde havia uma fila de turistas na porta. Diante de olhares espantados, levantei-me rapidamente, como se nada tivesse acontecido, enquanto uma senhora me perguntou se eu estava bem: "Yes, thank you", respondi, com a maior naturalidade. Nem olhei mais para a tal fila, mas não pude evitar a aproximação de um inglês, com um copo de cerveja na mão, me perguntando gentilmente se eu estava bem. "Oh, yes, thank you", repeti, ansiosa para me escafeder dali.

Depois de constatar que estava surpreendentemente inteira, sem nenhum arranhão, embora minhas mãos estivessem bem doloridas, continuei minha tortuosa busca. Até que me vi novamente na rua do tombo (gosh!), passando pela construção centenária com turistas na porta. Só então pude ver que se tratava da casa de Benjamin Franklin, no tempo em que morou em Londres. Franklin (1706-1790) foi jornalista, cientista, abolicionista e um dos líderes da Revolução Americana. Yes. That's London, that's Europe. História e histórias por toda parte. Até esqueci o tombo. Só não entrei por causa da queue e da fome.

Segui meu caminho e finalmente encontrei o Sherlock's Holmes Pub, um casarão encantador. Fotografei, de todos os ângulos, o prédio centenário, decorado com desenhos e alusões ao notório detetive. Mostraria, orgulhosamente, via internet, as fotos do lugar frequentado por Sir Arthur Conan Doyle (1881-1903), médico, escritor e criador de Sherlock. E ainda provaria o famigerado fish and chips, um dos destaques do cardápio. Entrei, ocupei a única mesa vaga, pedi uma half beer e, finalmente, o fish, mas com vegetables (vegetais), e não chips (batatas). O prato veio num minuto. Evidente, o fish era congelado. Até que não era ruim, não tinha espinhas, mas também não tinha gosto nenhum. Na mesa, só havia "HP sauce, the original brown souce since 1899" (molho HP, o original molho marrom desde 1899). Poderia ser a solução, não fosse tradicional o british flavour (sabor britânico), de ter gosto de... nada. Na saída, perguntei, só para confirmar, se Sir Arthur ia muito ao pub. A atendente fez um ar de desapontamento e disse que ele nunca frequentou a casa. Que tudo ali era apenas uma homenagem a ele. Quase deletei todas as fotos. E me senti a própria turista. Gosh.

Saí caminhando em direção à National Gallery, localizada num dos pontos mais frequentados por turistas na capital inglesa: Trafalgar Square, uma linda praça, com seu imenso chafariz in front of the museum (em frente ao museu).

SONORIDADES

Museum pronuncia-se "miusíam", em "brasileiro". Não é lindo?

Despite (apesar) a entrada gratuita, dei minha contribuição voluntária de £2,00 pounds para manter o museum tão bem cuidado, limpo, organizado, com obras magníficas de Delaroche, Gainsborough, Giordano, Michelangelo, Velázquez, Rembrandt, Van Gogh, Renoir, entre tantos outros.

Saí com a cabeça leve e os pés moídos. A opção pela elegância — a bota de cano alto e salto médio — foi um disaster. Sentei-me na praça e, sem a menor cerimônia, tirei as duas. Wow, que alívio! Eram 18h30, o passeio estava de bom tamanho. Hora de pegar o bus e ir para o ponto de volta a Oxford. O pior era recolocar as botas.

Lá fui eu, cansada, ou melhor, esgotada, e ainda me atrapalhei com a direção de minha estação, I can't believe! Eu e o mapa (os mapas) não nascemos um para o outro. Definitely. Arrisquei-me a perguntar para um motorista parado em frente a uma station bus e ele, grosseiramente, me disse que aquele tíquete não era da companhia dele. Não só entendi como ainda rebati, ironiçamente, "You're very kind" (você é muito gentil), e segui em frente. Agora, alquebrada espiritualmente. Procurei o ponto onde havia tomado o ônibus do passeio turístico, pois era ele que me levaria à minha bus station to Oxford. Demorei um pouco, mas o encontrei.

Assim que entrei no ônibus, não tinha alternativa a não ser perguntar ao motorista onde deveria saltar. Já esperava uma resposta de má vontade, mas o que ouvi foi uma educadíssima e detalhada explicação sobre o que deveria fazer, a que horas poderia pegar o bus para Oxford, entre outras coisas que, confesso, nem entendi. O cérebro tinha parado. E não faria mais horas extras. Apertei o botão de off (desligado). Confiei cegamente no bus driver.

Quando chegamos ao ponto indicado, ele simplesmente saiu da cabine, desceu do ônibus e me apontou a direção da estação para Oxford. Agradecida, na verdade, comovida, não só falei um "thank you, very much!", como coloquei a mão no ombro dele, enfatizando o agradecimento – gesto comum para brasileiros e incomum para ingleses, pelo visto. Notei a expressão surpresa – e discretamente satisfeita – dele, me despedi e saí em busca de my station, my God! Tudo o que eu queria era sentar no ônibus e tirar as botas novamente.

Caminhei alguns minutos até chegar a station. Esperei mais um tempo, com os pés rosnando, até que um ônibus parou na estação. Antes de entrar numa nova "furada", fiz ao motorista a pergunta previamente ensaiada na cabeça: "Please, do you know where is the bus stop to Oxford?" (Por favor, você sabe onde fica a estação para Oxford?). E ele, com boa vontade: "Which Oxford? The city?" (Qual Oxford? A cidade?) Há um bairro em Londres chamado Oxford. E eu, aliviadíssima: "Yes, yes, I will go to Oxford City!" (Sim, sim, eu irei para a cidade de Oxford!). Ele emendou, em bom e claro, claríssimo português (com sotaque de Portugal): "Você é brasileira?" Eu, sem acreditar: "Sou". E ele, sorrindo: "Dá para ver pelo sotaque, entra que eu te deixo lá".

Confesso que me senti felicíssima de ser entendida – e mais que isso, acolhida – por alguém que entendia tudo, TUDO o que eu falava. Conversamos no caminho, ele estava em Londres há seis anos, eu disse que não era muito tempo e ele respondeu, com ar nostálgico, que "era bastante". Nas entrelinhas, era tempo bastante para estar longe de casa, mas não o suficiente para voltar com um "pé-de-meia". Quando chegamos à minha estação, ele me desejou boa viagem e nem me deixou pagar. Saí tão agradecida que esqueci os pés moídos. Felicidade maior foi entrar no ônibus para Oxford e tirar as botas, por pelo menos uma hora.

Reconfortante me sentar à janela e ver o final da tarde de domingo na capital inglesa. Dia maravilhoso, vida deliciosa, um privilégio. O trânsito intenso no centro nem me aborreceu. Anoitecia no subúrbio, já próximo à estrada. Relaxei, e não era mais o pé que doía. Era o peito, a garganta, o tórax, e toda a região desse "entorno" foi se asfixiando de um jeito que... chorei. Lágrimas sem aviso prévio. Um choro imprevisto e tão dolorido que me desconcertou.

Depois do domingo inesquecível, em que tomei uns tombos e me levantei, caminhei pela História, consegui me fazer entender razoavelmente, por que a melancolia? Maybe (talvez) o cansaço, maybe o anoitecer, o céu passando de azul a levemente avermelhado, espetáculo fortuito da natureza, o sentimento do mundo, a liberdade, e pela primeira vez em sete dias me senti... estrangeira. A menina desamparada também tinha vindo a Londres. Sem ser convidada. E ainda trouxe a saudade das viagens feitas, um dia, vários dias, várias vezes, anos antes, com gente muito amada.

Deixei que chorasse, até porque não entraríamos num acordo. Enquanto o ônibus seguia pela estrada, adormeceu imaginando seu quarto, sua casa, sua rotina, em Oxford. Quando "chegamos" à cidade, saltamos e fomos caminhando serenamente para casa. The day after (o dia seguinte) seria um outro dia. Com certeza.

PARECE, MAS NÃO É

Além da sonoridade, as words (palavras) passaram a chamar minha atenção pelo que pareciam, mas não eram. Em vários casos, os significados in English são bem diferentes do que imaginamos in Portuguese. Uma das campeãs de confusão é actually, que significa "na realidade" (e não "atualmente", como muitos pensam). Nowadays: esta sim, significa atualmente. Outros exemplos:

– Pretend: fingir
– Intend: pretender

– Realize: perceber
– Carry out: fazer, realizar, efetuar

– Terrific: excelente
– Terrible: terrível, muito ruim

– Discuss: conversar, debater

– Argue: discutir, brigar

E ainda existe a questão da pronúncia, que, se for errada, muda o sentido de certas palavras. Exemplo: in UK, a palavra course (curso) pronuncia-se (algo como) "cóórsse" (com "o" aberto e "r" quase imperceptível); e a palavra curse (maldição) pronuncia-se "côôrsse" (com "o" fechado e "r" quase imperceptível).

In US, course é "algo como córrrse" (com "o" aberto e ênfase no "r"); e curse é "cúrrrse" (com som de "u" e ênfase no "r"). Como se vê, um pequeno detalhe pode causar uma grande confusão.

Início da segunda semana de curso. Como só teria aula às 10h20, decidi ir caminhando até a escola – com computador nas costas e bolsa carregada de livros, dicionário, estojo e pertences pessoais. Coloquei uma roupa esportiva, tênis, desci para o breakfast e contei sobre my adventure para mum, dad and my brother dinamarquês. Os três ficaram surpresos com minha disposição. Daria pelo menos uma hora de caminhada, disseram. "Never mind, I like to exercise" (Não tem importância, eu gosto de fazer exercício), respondi. Mum disse que seria ótimo: "You will be back very thin to Brazil" (Você vai voltar bem magra para o Brasil). "I hope so" (Espero), concordei, sem reservas.

Sentei-me para tomar o café e coloquei minhas duas caixas de remédios sobre a mesa. My brother P., sempre tão discreto, fez a pergunta que eu esperava há dias: para que eram aqueles remédios? Vitaminas? Eu disse que não. Ele brincou, perguntando se eram estimulantes ou dopings. Eu imediatamente respondi always (sempre). Mas logo me corrigi, rindo da minha "errata", que deu sentido oposto ao que eu pretendia: "Sorry, is 'almost'" (Desculpe, é "quase"). Ai, que raiva quando Táico e Tícou não colaboravam, francamente!

Expliquei então, tomando cuidado para não usar mais palavras erradas, que as pílulas eram antidepressivos e que eu os tomava há quatro anos. Que meu pai havia tido uma depressão severa e faleceu quando eu tinha 15 anos, de acidente vascular cerebral, sem ter se recuperado da doença. Impressionado, P. permaneceu calado enquanto eu dizia que estava estabilizada das crises de angústia desde que comecei a medicação. E que, infelizmente, na época do meu pai, os medicamentos não eram eficientes e provocavam efeitos colaterais como tontura, sono, fadiga. Hoje, pelo contrário, os antidepressivos, quando receitados corretamente, dão energia, disposição e regulam o humor.

Ao ouvir o assunto, mummy, que olhava seus livros de receita porque decidia o cardápio do dinner na hora do breakfast, deixou a pesquisa de lado, aproximou-se e logo se estabeleceu uma longa conversa sobre medicamentos e transtornos emocionais. Ela contou que um de seus netos havia tido problemas de dependência química na juventude, mas com o tratamento psiquiátrico e os medicamentos, recuperou-se. My brother também falou da gravidade do problema da depressão em seu país. Quando dei por mim, se não saísse logo, não conseguiria mais ir a pé.

Despedi-me dele com um "see you", e de mum and daddy com uma peck (beijoca), palavra encantadora que eu tinha aprendido dias antes. Daddy, enrubescido e feliz, mostrou para mum a marca do meu batom na bochecha. Sim, eu adorava pecks e eles estavam se acostumando a isso. Saí radiante com o lindo dia de céu azul, vento frio e a gola do casaco fechada até o pescoço, pensando em como tinha conseguido conversar sobre um assunto tão complexo com my relatives (parentes). Na realidade, não fosse a ajuda providencial de mum, tentando me entender e traduzindo algumas palavras sobre emotional disorders and anti-depressants (transtornos emocionais e antidepressivos), a conversa não teria deslanchado.

Cheguei à London Road e, em vez de entrar no subway (túnel) para a estação, virei à direita e segui por uma pista para pedestres e ciclistas, em direção ao centro da cidade. Andei uns cinco minutos e o caminho foi diminuindo, virando trilha e, de repente, me vi no meio do mato, sem saída. Como? Eu tinha visto uma pista por toda a extensão da London Road, a estrada que leva ao centro. Cadê? Sem entender, ou melhor, achando que havia tomado o caminho errado, voltei, entrei no primeiro atalho e me deparei com um cenário que ainda não conhecia. Ali, tomei um bus, que fazia o tipo parador e passou por um bairro modesto, de casas bem simples, que não lembrava o esplendor da arquitetura da cidade.

Desci na estação da escola encafifada. Que caminho foi aquele em que me meti? Na volta, de busão, passaria pelo mesmo lugar e tentaria descobrir o que tinha feito de errado. Já estava anoitecendo quando passei pelo trecho e vi que realmente havia um caminho para pedestres e ciclistas num dos lados da London Road, justamente por onde tentei seguir de manhã.

Não, não era possível. Eu só poderia ter entrado por um caminho errado, que virava trilha. Só podia ser. I wasn't crazy (Eu não estava louca). Yet (Ainda). Teria de observar melhor à luz do dia, na ida para a cidade. No dia seguinte, entrei no busão e sentei do lado direito, no segundo andar, para desvendar meu misterioso percurso. Passamos pelo local e pude ver a faixa contínua para pedestres e ciclistas, ao longo daquele trecho da road. Fiquei abismada. Perplexa. Quase preocupada.

O que será que eu tinha "conseguido" fazer para entrar na trilha que não via mais, em lugar algum? Dias depois, inconformada com o enigma, tentei de novo, a pé. Quando saí da Merewood, entrei à direita, na London Road, e peguei a pista para pedestres e ciclistas. Procurei, olhei, vasculhei, e nenhum sinal de trilha nem de mato. Caminhei tranquilamente pela faixa larga, quase sem movimento. Até boa parte do caminho, fui tentando encontrar alguma explicação para o inexplicável. E não encontrei. O episódio me assombrou o resto da viagem.

J., the chinese classmate (J., o colega chinês), era o aluno mais calado da turma. Não fazia perguntas e tinha dificuldade – muita – para entender e responder às indagações de teacher S. Como se sentava do outro lado da sala, eu ficava intrigada porque, apesar disso, ele não parava de mexer numa maquininha que parecia um celular ou algo do gênero. O cara não sabe nada e ainda fica mandando ou recebendo mensagens da China, em plena aula?

Eis que, num exercício de vocabulário, um colega tentou dizer a palavra "catedral". O professor disse que estava errado, e perguntou se alguém sabia a pronúncia correta. Trocas de olhares de quem não tinha a mais pálida ideia, até que uma voz metálica irrompeu na sala: "cassídral", pronunciada com a língua entre os dentes, e que sonoridade! A tal voz era nada menos que a inseparável maquininha de my classmate, na verdade um dicionário eletrônico que traduzia e "falava" as palavras, do chinês para o inglês, entre outras línguas. A tradução provocou gargalhadas e, pela primeira vez, nosso colega chinês riu de mostrar os dentes. A partir dali, nasceu um novo J., que veio a ser um dos meus bons companheiros em Oxford.

Passei a brincar com ele, a puxar conversa, o que não era exatamente muito fácil, para ambas as partes. Consegui descobrir que ele tinha uma família atípica para os padrões chineses: três irmãs e um pai pianista profissional. Também entendi que ele queria ser a famous lawyer (um advogado famoso) na China. Assumia a ambição com espontânea convicção.

Nos momentos "dramáticos" de nossas conversas, ele consultava o dicionário falante. Às vezes nos entendíamos, sometimes not (às vezes não). Perguntei o nome da cidade onde vivia, na China, ele respondeu, não entendi. Perguntei again, idem. Perguntei uma terceira vez, semanas depois, e nada. Nunca entendi o nome da cidade. So, não sei onde J. mora. Só sei que é uma cidade grande, próxima a Pequim.

No início da segunda semana, ele já me chamava para sentar ao lado dele na sala. Um dia, me perguntou se eu era casada. Eu disse que era separada e que tinha uma linda filha – com essa ele até arregalou os olhos – de 18 anos. Animado, entrou em terreno pantanoso: perguntou minha idade. Eu disse "oh... I forgot my age in Brazil". (Ah, esqueci minha idade no Brasil). Ele custou um pouquinho, mas riu muito quando entendeu my joke (minha brincadeira). E, o melhor, nunca mais fez a pergunta. Disse que eu era "funny, interesting" (engraçada, interessante) e me convidou para ir a Londres com ele, no final de semana seguinte. Respondi que pensaria no assunto.

Quanto mais o conhecia, mais me divertia com o que não imaginaria num chinês: a extrema ansiedade e a pressa constante. Por que e para quê, não sei. Nem ele. Sei que tinha uma expressão na ponta da língua: "Go, go, go!" (Vamos, vamos, vamos!) dizia sempre, me apressando para sair da sala, ele já com meu material nas mãos, para almoçar ou tomar um café. Quando eu falava algo que ele não entendia, tentava explicar de outra forma e perguntava, no final: "Did you understand?" (Você entendeu?) Em caso afirmativo, ele dizia "óquí, óquí!", a "versão chinesa" para ok, ok.

A partir daí, sempre que me chamava, eu dizia "óquí, óquí", independentemente do que fosse. Ele ria. Depois de um tempo, já gargalhava. Cada vez mais solto e "íntimo", ele passou a me dar tapinhas nas costas quando nos encontrávamos. Eu brincava com o "óquí" and the chinese accent (o sotaque chinês). Disse para ele que, depois de conhecê-lo, jamais conseguiria falar "óquei" novamente. De Oxford em diante, "my new vocabulary will be óqui, óqui, forever!" (Meu novo vocabulário será "óquí, óquí", para sempre). Ele demorou um pouquinho, mas riu com prazer quando entendeu.

Quanto mais nos conhecíamos, mais tapinhas eu ia ganhando de my anxious friend. No dia em que ele abusou da ansiedade com uma série interminável de "go go go", usei essa palavra para defini-lo – anxious. Ele não entendeu, de jeito nenhum. Foi ao dicionário falante. No way. Comecei a usar os poucos sinônimos que conhecia: freak. Também não entendeu. Nervous? No. Eu, cada vez mais anxious, enchi os pulmões e mandei a derradeira: "Crazy, you're crazy, do you understand?" (Louco, você é louco, entendeu?), que não era a palavra ideal, mas ele reagiu com uma risada e um tapão de quem finalmente tinha entendido.

A partir daí, os tapinhas não foram mais no diminutivo. Tenho a forte impressão de que significavam amizade e familiaridade para uma pessoa com dificuldade de tocar a outra. Diferenças culturais. Enquanto alguns gostam de pecks (beijocas), outros preferem slaps or smacks (tapas).

Ele insistiu no passeio a Londres no domingo seguinte. Como o pessoal da escola faria uma excursão ao belíssimo Natural History Museum (Museu de História Natural) e a London Eye (a imensa roda-gigante), concordei, com o inevitável... "óquí, óquí, next sunday we will "go go go" to London".

DESMITIFICANDO...

Depois de conviver sete dias com a "Torre de Babel" de línguas e sotaques variados, a constatação cristalina: quase ninguém, mesmo de níveis mais adiantados, tinha um sotaque correto, bonito, ou com legítimo acento britânico. Todos os estudantes que conheci eram nitidamente foreigns (estrangeiros) com dificuldade ou desinteresse de tentar uma pronúncia mais correta ou elegante. O que as pessoas queriam era ser entendidas, e não falar um inglês perfeito. Isso era coisa para uma minoria de interessados, profissionais ou estudantes de alto nível.

Enquanto visitava o centro da cidade, numa tarde de sábado, entendi por que muita gente aqui prefere a mac (capa) ao umbrella (guarda-chuva). Era cerca de 17h, o solzinho tímido tinha ido embora, as nuvens, ameaçadoras, não ficaram só na ameaça e desabaram suas águas em conluio com um vento que não imaginava que existisse.

Abri my Brazilian umbrella (meu guarda-chuva brasileiro, daqueles de camelô, de cinco reais) achando que estaria protegida, mas o vento nos carregava para lá e para cá, para onde quisesse, sem dó nem piedade. My umbrella foi o primeiro a – desculpem o termo, mas é a melhor definição – "abrir as pernas". Em menos de um minuto de fight (luta) contra o inimigo, as hastes de metal se reviraram, enquanto eu, pateticamente, ainda me agarrava ao desafortunado, rindo de mim e da cena ridícula. Nem sei como ainda consegui pegar a câmera no bolso e tirar a foto do histórico episódio que me mostrou que a cada chuva com ventania seria um novo guarda-chuva.

A tempestade durou cinco minutos, mas meu umbrella, companheiro de outras batalhas, estava destroçado. Depenado. Não havia conserto. Foi para a dustbin (lixeira, in UK; garbage, in US). Mas não uma dustbin qualquer – aliás, nada em Oxford é "qualquer". Além de a lixeira ter um design centenário, ficava na praça que hospeda uma das livrarias mais antigas da Europa, a Bodleian Library. Parte do complexo de escolas e instituições da Oxford University's colleges, a Bodleian Library é mais que uma livraria: é um templo do livro, da leitura, da evolução do conhecimento. Merecia um gesto de reverência na imponente entrada, com seus dois portões de ferro em formato arredondado, cravados de brasões em seus quase quatro metros de altura. Impressive.

Passar pelos portões é como entrar na História sem pagar ingresso (a entrada é grátis). Parte do acervo estava reunida no igualmente venerable prédio interno, cercado por grade de ferro em toda a sua extensão. Na entrada para a exposição, o aviso de que era proibido fotografar. Logo se entende o motivo. Lá dentro, tomado pelo inestimável, inconfundível aroma de papel antigo, o ambiente de penumbra, com iluminação direta nas obras, reúne manuscritos – a maior parte em latim – que nossos olhos pós-modernos custam a crer.

Numa estante, protegida por um vidro, brilhava a cópia de *Opera Philosophica*, do filósofo e cientista político inglês Thomas Hobbes. Em 1673, ele cedeu uma cópia ao colégio onde estudou, o tradicional Magdalen College, fundado em 1458 e localizado no início da High Street. Na mesma estante (onde ouvimos discretos "oh!", "ah!", "wow!" dos visitantes), há um exemplar manuscrito de Galileu Galilei, *Sidereus Nuncius*, de 1610, com imagens da Lua e de planetas feitas pelo cientista, com seu telescópio. Este livro lhe trouxe fama e fortuna quando foi publicado, dizia o texto ao lado.

O desenho perfeito das letras, as iluminuras (ilustrações, desenhos, pinturas), a gramatura dos papéis, a riqueza das capas, remontam ao inacreditável tempo em que cada exemplar tinha de ser escrito à mão pelos chamados copistas. Eles faziam parte de uma casta que tinha acesso à educação, com nível intelectual diferenciado e destaque na iconografia.

O trabalho de cópia dos manuscritos era feito no interior dos mosteiros, num quarto chamado *scriptorium*. Os monges encarregados da atividade dividiam-se em grupos: uns escreviam os códices (manuscritos em pergaminho, diferentes do antigo formato dos livros de rolo) e outros faziam as iluminuras.

Para produzir um livro – com letras e títulos adornados –, era preciso criar o pergaminho, feito com pele de carneiro ou de cabra. Como o processo era caro, os copistas costumavam escrever com letras mais "apertadas", e passaram a abreviar palavras. A perfeição do trabalho fazia com que levassem meses, anos, para acabar um exemplar. Consequentemente, os livros eram objetos de consumo da elite. Só a partir do uso da prensa móvel, processo gráfico aperfeiçoado por Johannes Guttenberg no século XV, e difundido no século XVIII, os livros foram impressos e ficaram acessíveis à população. Uma história e tanto.

Assim que saí da exposição, corri à lojinha para comprar alguma reprodução do que tinha visto. Mas só havia cartões postais com imagens de partes do tesouro literário. Lindos. Assim como os acessórios vendidos, que tinham relação direta com a Library, os livros, a história da escrita, os escritores, o que escreveram. Estava em casa. Tudo me interessava. Ali me deleitei e comprei as únicas lembranças que trouxe para amigos que compartilham o amor pelo universo copiado, impresso, eterno, dos livros.

Saí da lojinha e cruzei os imponentes portões que engoliam uma horda de turistas com câmeras de foto e vídeo. Ao lado da Bodleian, que ficou pequena para o tamanho de seu acervo, no século XVIII (entre 1736 e 1749) foi construído um magnífico domo (imenso prédio redondo) que, em 1862, passou a integrar a Library: é o Radcliff Camara, que toma quase toda a Radcliffe Square, um dos lugares mais frequentados e fotografados pelos visitantes. Ao lado dessas construções fica a esplendorosa St. Mary's Church, em estilo gótico, construída entre os séculos XIII e XIV. Do alto de sua torre principal, com entrada pela High Street, tem-se uma das melhores vistas da cidade. Unforgettable. Magnificent.

Uma heresia poupar predicados a uma cidade essencialmente adjetiva, superlativa em sua singularidade. Portanto, pode-se dizer que my umbrella foi sepultado em nobre companhia: na dustbin da Radcliffe Square, a cem metros da Bodleian Library.

SONORIDADES

Como diferenciar um cidadão inglês de um estrangeiro, para quem ainda não diferencia sotaques? Uma dica: basta prestar atenção na pronúncia de duas das palavrinhas mais usadas na face da Terra: sim e não. No caso, yes e no.

Os ingleses costumam falar, informalmente, yeah (som de "yé"), e não yes. E o no normalmente sai como um som parecido com "neôu". Eles não falam "nôu", como os estrangeiros. Particularidades linguísticas. Assim como encurtamos o "não é" para "né".

Mas que o "yé" (yeah) é bem simpático e soa mais leve que o yes, não há dúvida. Cute (bonitinho).

Naquele dia, eu e M., o italiano, chegamos à escola sem o schedule (programa) da semana. Procuramos a solícita assistente do diretor, mas acabamos sendo recebidos por ele, uma pessoa acessível, que explicou que, se não tínhamos recebido um novo schedule, é porque o da semana anterior seria mantido.

Como só teríamos aula no segundo tempo, aproveitamos para tirar dúvidas sobre the course. Perguntei por que usavam aquele método (in progress). Ele disse que se tratava de um sistema voltado para quem quer aprender um idioma o mais rápido possível, de forma dinâmica, por razões acadêmicas ou profissionais.

Meu colega questionou se a constante chegada de novos alunos não atrapalhava o ritmo dos que já estavam na escola. Ele respondeu que esta é a característica do método – por não ser um curso acadêmico, está aberto à chegada de novos estudantes a cada semana, mas salientou que tudo é feito dentro de um planejamento prévio, com critérios de aprendizado e avaliação dos alunos.

Por fim, eu quis saber como um curso intensivo não oferecia aulas o dia todo, durante os cinco dias da semana. Ele respondeu que os cursos intensivos, de forma geral, oferecem um tempo de horas/aula pré-determinado: normalmente de 32 aulas por semana, de manhã e/ou à tarde (o equivalente a aproximadamente 21 horas e vinte minutos), e que esse tempo de horas/aula tem sido satisfatório. Ok, appreciate. Agradecemos a atenção e saímos.

Apesar da dificuldade com o vocabulário, ao menos tinha me feito entender e entendido as respostas do diretor. À espera da aula, M. e eu conversamos sobre quanto o curso custou para cada um. Como ele pagou em euros, ficou menos pesado do que os meus reais. Minhas despesa$: um mês antes da viagem, em agosto de 2008, paguei U$ 130,00 de inscrição, U$ 3.125,00 por cinco semanas de curso, o que incluía acomodação em casa de família, com café da manhã e jantar, U$ 205,00 (opcional) de traslado Londres-Oxford e U$ 138,00 de seguro médico, perfazendo um total de U$ 3.598,00, o equivalente (na época) a cerca de R$ 6.800,00, fora a passagem aérea.

Meu colega perguntou se muitos brasileiros faziam cursos de idiomas e eu mostrei os dados da Belta: em 2006, cerca de setenta mil brasileiros fizeram cursos fora. Em 2005, foram aproximadamente 55 mil pessoas. Países como Inglaterra e Estados Unidos (ou seja, de idioma inglês) foram os mais procurados. Mas desde 2002 houve aumento considerável na procura pelo Canadá, Austrália e Nova Zelândia, que têm custo de vida mais baixo, imagem de segurança e boa receptividade dos locais. Também tem crescido o interesse por novos destinos, como Irlanda e África do Sul, além dos países de língua espanhola. Terminei dizendo que, apesar de estar pagando mais na Inglaterra, não me arrependia de ter escolhido Oxford. Ele riu e disse que, como italiano, já estava acostumado a conviver com construções centenárias, medievais.

Hora da aula, with our new classmates (com nossos novos colegas): três rapazes e uma moça, na faixa de 20 e poucos anos, from Espanha, e uma russa, H., 27 anos, alta, bonita, com grandes olhos verdes, que passou a ser cortejada pela dupla de amigos — o iraniano e o líbio —, e deu uma graça extra às aulas. Todo trabalho em grupo eles "brigavam" para ver quem faria com ela. Até os professores riam das peripécias dos dois, enquanto a bela desfrutava, bem humoradamente, do cortejo "internacional".

But, a má notícia (para nós, alunos) foi confirmada: nosso eficientíssimo teacher S. tinha recebido convite para trabalhar abroad (no exterior), aceitou e iria embora. Muitos professores não tinham vínculo empregatício com a escola, por decisão deles mesmos. Portanto, quem entrou em sala foi a nova professora, que fazia parte do quadro de funcionários e era bem diferente de S. Assistimos a novos processos de apresentação. Primeiro, ela se apresentou. Depois, fez as perguntas de praxe aos novatos: "Who are you? Where are you from? How long you will stay here?" (Quem é você? De onde você vem? Quanto tempo ficará aqui?)

Séria, com forte sotaque britânico e fala acelerada, teacher G. exigia atenção em dobro. Ela fez a revisão de matérias que já tínhamos estudado, principalmente verbs in active e passive voice. Depois, colocou duas frases no quadro e perguntou qual era a diferença entre elas. Os colegas ficaram mudos, alguns murmuraram o de sempre — a dificuldade com verbs — e resolvi arriscar: respondi que uma frase estava na voz ativa e a outra na passiva. Ganhei um "very good", mas nem deu para comemorar. Lá vieram outros exercícios mais complicados a serem feitos em dupla. Aliás, eles eram sempre feitos em grupos. Quando foi que essa moda pegou nos cursos de idiomas? No Brasil, os exercícios também eram (são) em grupos, para estimular a interatividade e a conversação. Mas tem horas que, se já é difícil pensar sozinho num idioma que não se domina, que dirá com pessoas de outras nacionalidades.

Whatever (seja como for), essas eram as regras. Para piorar, eu tinha esquecido em casa my short-sighted glasses (óculos para perto). Pode parecer estranho, mas pensar sem óculos, em outro idioma, dava a sensação de saber menos ainda. Esgotado o prazo do exercício, teacher G. pediu que eu lesse as frases da minha dupla, o que só consegui porque as escrevi em letras garrafais. Ao final, a recompensa: ela elogiou minha pronúncia. Well, uma fagulha no fim do túnel.

PARECE, MAS NÃO É

Ao longo das aulas, my vocabulary ia separando o joio do trigo.

– Polite: educado
– Educate: quem tem acesso a bons colégios e universidades

– Sensible: sensato
– Sensitive: sensível

– Goal: objetivo, propósito (e também gol de futebol)

– Contents: conteúdo
– Happy: feliz

– Parents: pai e mãe
– Relatives: parentes, familiares

Hora do almoço, comi rapidinho para entrar na internet. Fiz um esforço sobre-humano para conseguir ler e escrever mensagens para família e amigos without (sem) my glasses. Depois, mais uma aula de grammar, outra aula no ILAB e saí da escola com os olhos ardendo.

Dei um pulo na cidade para tentar falar com minha filha pela web cam. Com a diferença de fuso de quatro horas a mais na Inglaterra, só conseguiria falar com ela no final da tarde, em Oxford, contando com que ela almoçasse em casa. Senão, nada feito. Tentei em dois cafés com wireless, não consegui a conexão e fiquei tão irritada que desisti de procurar outro lugar. Despluguei do Brasil, do mundo.

Era apenas a costumer (cliente) de um pub que ficava numa estreita e adorável rua de casas centenárias, in front of (em frente) a little Gothic church (uma pequena igreja gótica), tomando uma cold beer e apreciando o movimento no final de tarde no centro. Aquela era a hora em que restaurantes ficavam movimentados para o dinner. Como os ingleses costumam almoçar sanduíches ou saladas, o jantar é no final da tarde/início da noite, e a vida noturna acaba mais cedo, principalmente nas épocas frias.

Perdi a noção do tempo, sentada no pub de estilo irlandês, observando, divagando, não pensando, just (só) respirando... a sensação de estar no centro do mundo. O mundo dentro de mim. Cabia direitinho. Era o meu número. Nem mais, nem menos. Estava na hora certa, no lugar exato. Nada faltava. Quantas terças, quartas, quintas, sextas, a gente tem de viver para ter direito a um happy hour de segunda tão plenamente happy?

Olhei o relógio, eram quinze para as sete. Shit! Despluguei demais do mundo. Teria de esperar o busão, que às vezes demorava 15, 20 minutos, e ainda teria de enfrentar o tráfico, ou melhor, o tráfego... Ora vejam só, eu já confundindo palavras em português e inglês! Tráfego, em inglês, é traffic. Tráfico, no Brasil, dispensa explicações. "Chique nas úrtima" (chique nas últimas), diriam meus amigos em "pirajuês" (from my lovely Piraju, no interior de São Paulo), sobre minha confusão linguística.

Cheguei vinte minutos atrasada, pronta para a bronca, mas, por sorte, o jantar estava "atrasado", desculpou-se mum, como se fosse uma falta gravíssima. Em dez minutos, estávamos à mesa comendo salmão com legumes e verduras. Eu, que nunca fui chegada a esse "aquático", comi com vontade, tal a hunger (fome). Os legumes, que sempre incluíam batata (frita, cozida ou purê), não levavam tempero, mas como eram gostosos o milho graúdo, as ervilhas grandonas, as couves-flores minúsculas, os brócolis também nanicos, todos servidos em porções, e as onipresentes carrots (cenouras).

Nesse dia, o assunto foi família. Cada um falou um pouco da sua. Mum contou que tinha quatro filhos (um homem e três mulheres), e que tinha perdido uma filha com 21 anos, vítima de câncer. Nós já sabíamos, mas não tínhamos conversado sobre o assunto. Não ficamos constrangidos porque ela falava com a naturalidade de quem já sofreu tanto que agora estava na fase de celebrar a filha. A ponto de se levantar da cadeira – logo ela, que não suportava comida fria e nem que a deixássemos esfriar –, subiu ao quarto e voltou com um álbum de fotos. Lá estava a filha, P., saudável, esportista quando adolescente, e já bem magra e tristonha, com a doença em estado avançado. As fotos eram de uma viagem da família e não demonstravam pesar ou amargura, como se pais e irmãos aproveitassem ao máximo a convivência com ela.

Após o jantar, fui pitar um cigarro na escadinha da frente da casa. Suspirei o ar frio da noite e os reconfortantes silêncio, tranquilidade, civilidade. Numa associação de pensamentos, lembrei de equidade, oportunidade. Era uma vida cara em pounds, em impostos, para os próprios ingleses. Mas como era diferente da realidade brasileira, my God! E, no entanto, os seres humanos enfrentavam as mesmas dores, os mesmos dramas emocionais e físicos. Ali estava a história de uma família que teve perdas e danos, mas que seguia em frente. Será que somos tão diferentes assim?

NEWS FROM OXFORD

Renata

Bem... já que ninguém perguntou, I will ask for you: como agem os ingleses frente a uma brasileira? Aliás, como são os men ingleses... esteticamente falando?

De Cátia
Para Renata

Hummm... Perguntas capciosas (rs). O que posso dizer é que Oxford rouba nossos olhos de tal maneira que nos conduz para outra dimensão, para o alto, para as exuberantes construções saxônicas, medievais, góticas. Às vezes, quando dobro a esquina de alguma rua do centro histórico (tem lugares com mais de mil anos), tenho a – real – impressão de que vou esbarrar num romano, num gladiador, num bárbaro.

Quando olhamos para a frente ou para os lados, vemos muitos jovens, grande parte em grupos (realmente, esta é a cidade dos estudantes) e muitos turistas. Portanto, "esta" pessoa que passeia admirada pela cidade não tem sexo – ainda. Mas, quando tiver, possivelmente não se sentirá inspirada pela figura masculina tipicamente inglesa. Pelo que viu até agora...

Bjs

Aurélio

Como é essa ida de brasileiros (e de outros povos) para estudar aí? É intercâmbio? Ou são cursos pagos, para quem quiser ir?

De Cátia
Para Aurélio

Existem muitas escolas de inglês em Oxford, e você escolhe o esquema que preferir. No esquema de intercâmbio, o mais comum são as escolas com sistema de course in progress, em que o estudante pode ficar de 15 dias a vários meses. Nas universidades e outras instituições existem cursos acadêmicos, que normalmente exigem provas de admissão. De maneira geral, os estudantes que não vêm fazer a high school (ensino médio), a universidade ou se preparar para provas específicas, procuram esses cursos. Como há muitos do gênero, é bom pesquisar antes de escolher. Eu, que cheguei a pensar em me hospedar na própria escola, descobri que a vantagem de ficar numa homestay, com uma família, é que pratica-se muito mais o idioma. Quem se hospeda nas escolas são os jovens.

Aurélio

Outra coisa: como está a evolução de seu inglês, sobretudo nos aspectos de ouvir e falar, já que está imersa no idioma? Por exemplo, já sonhou falando em inglês? É um bom sinal.

De Cátia
Para Aurélio

Nossa, são tantas informações e sensações sendo processadas que tenho que ficar com a antena ligada full time. Um olho no curso, outro em tudo que acontece, para anotar, registrar o que interessa. Uma estudante em tempo integral, fuçando tudo como jornalista. Em dez dias de aula, já deu para sentir uma melhora. Imagina que outro dia, no ônibus, entendi tudo da conversa de um pai com um filho de... 3 anos (rs). Mas, ontem, uma senhora muito simpática veio me ajudar na hora de juntar as moedas para pagar a passagem (enxergar aquelas moedas minúsculas de pennies é um inferno), sentou-se ao meu lado no bus e fomos conversando até o centro. Era viúva, tinha quatro filhos, uns 70 anos, e tanto prazer em viver que entrou para a faculdade de História da Arte. Perguntei se trabalharia depois de formada e ela disse, rindo, que fazia faculdade para "se ocupar e conhecer gente". Falou dos filhos, do que faziam, e de outras coisas mais. Eu apenas perguntava.

O bom é que entendi tudo, ou quase tudo. Saltei do ônibus feliz da vida. Estou me comunicando com mais desenvoltura no acento britânico, que é bem fechado. Só não sei se eles entendem tudo o que eu digo. Tem horas em que sai um verbo errado, no tempo errado, porque ainda não tenho tranquilidade de pensar antes de falar. But, ainda não sonhei em inglês. In fact, aqui sonho acordada.

Beijos.

Sentada no "camarote" – the second floor (segundo andar) – do meu busão, a caminho da escola, tentava me concentrar em minhas anotações, mas a conversa de dois ingleses, no banco de trás, me distraía. As vozes graves, másculas, com pronúncia acentuadamente britânica, falavam sobre trabalho. Lembrei-me da pergunta de meu amigo brasileiro, se eu já conseguia entender o que meus "conterrâneos" falam entre si. Caneta e caderninho à mão, decidi fazer o teste.

Naquele momento estavam falando de... e-mails... algum projeto importante que "started or will start" (começou ou vai começar) no próximo ano... um deles falou algo sobre "staff" (equipe) e "lectures" (palestras) que durariam... "one week... that semester" (uma semana do semestre)... o outro comentou algo sobre uma "company" (empresa) e disse alguma coisa sobre a... Áustria? Um perguntou se o tal "project" (não consegui entender que projeto era) "will be the next year" (acontecerá no próximo ano), e o outro respondeu "could be later" (pode ser tarde)... agora falavam empolgados sobre uma "University", só não entendi qual... não sei como o assunto passou da University para o "crash" mundial (a bancarrota provocada pelos Estados Unidos) e como isso influenciaria "business in the whole world" (os negócios no mundo)...

Permaneceram um tempo calados... até que um deles reclamou do "slow traffic" (tráfego lento). Agora começaram a (como dizem os brasileiros) jogar conversa fora, a rir. Não sei se por culpa de meu esforço concentrado ou se pelo ritmo acelerado da conversa, não consegui entender mais nothing (nada).

Avaliação do teste: pesquei fragmentos da conversa, entendi os assuntos, mas não consegui entender frases inteiras. Not so good (não tão bem) or not so bad? Perguntei-me, parafraseando daddy. Bem, restava o consolo de que essa é uma das partes mais difíceis no aprendizado de um idioma: listening (ouvir).

DA SÉRIE "PARA BRASILEIRO VER"

(1) Ingleses e/ou estrangeiros que vivem em Oxford conversam muito no bus, e alto! Dá para escutar vários diálogos, mesmo se a gente não quiser. Grupos de mulheres e jovens gargalham estrondosamente, alguns fazem comentários... picantes, que my little bit of English nem sempre entende, mas intui, a julgar pelas entonações das falas. Várias delas (moças e falas) estão mais para "travessuras" do que para "gostosuras".

(2) Os mitificados jardins de muitas e muitas casas inglesas não são cuidados nem bonitos, como nos filmes. Alguns são até feios, ou maltratados. Decepcionante.

(3) Há lixo acumulado na frente de algumas casas. O lixeiro demora a passar? Em uma casa da área nobre, próxima ao centro, o lixo foi se

acumulando bem na entrada. Dias depois, passei lá de novo e a "montanha" estava bem maior.

Numa sucessão de dois dias de chuva praticamente ininterrupta, deu para sentir o efeito wind+rain (vento+chuva) inglês. O frio aumentou, todos chegavam acebolados na escola e alguns não queriam nem que as janelas das salas fossem abertas. Eu dava um jeitinho de abri-las, um dedinho que fosse, para sentir o "ar refrigerado" natural. Para mim, aquele tempo estava ótimo. Só de pensar no calor do verão carioca, me encasacava com prazer. Mas, para muita gente, o clima era fatal.

Resultado: muitos alunos gripados, roucos e até com febre. Num desses dias, foi difícil nos concentrarmos nos exercícios do ILAB, tal a sessão generalizada — e infindável — de tosses e espirros. Para evitar gripes, um professor dizia para andarmos agasalhados e, principalmente, com tênis ou sapatos que protegessem bem os pés — e mostrava a sola grossa da botina que tinha comprado um mês antes, em Londres.

Bem, a botina tinha sua utilidade, sem dúvida, mas o que começou a chamar a minha atenção não foi exatamente o que ele usava nos pés. Na verdade, minha atenção foi desviada, a cada aula, a cada explicação, a cada pronúncia perfeita, para a voz... firme, gutural, viril — entre outros predicados, or adjectives de nosso new teacher.

E pensar no que tinha falado uma semana antes, sobre os ingleses, na News from Oxford...

So, in advanced chapters: "The *mea culpa* by a stupefied brazilian student." (Em capítulos adiante, "O *mea culpa* de uma perplexa estudante brasileira")

CAPÍTULO QUATRO

Maratonas superlativas

Domingo, in London, with my Chinese friend. Saí de casa atrasada, em jejum. Fui para a escola e de lá tomamos um ônibus fretado para London, com mais trinta estudantes. J. tinha tomado seu breakfast – imagina se ele ficaria sem comer – e estava curiosíssimo em conhecer the Big Ben. Só falava nisso. Concordei logo, para que ele se acalmasse. Disse que iríamos lá depois de visitar o Natural History Museum, onde o bus pararia. Ele abriu um sorriso perigoso e só não levei um tapão de "amiga" porque estávamos lado a lado, e ele não tinha posição para seu gesto "carinhoso".

Pensei no que conversaríamos em uma hora de viagem, mas ele pegou o Ipod, colocou os fones nos ouvidos e ficou cantarolando baixinho. De repente – ele era chegado aos "repentes" –, tirou os fones e os colocou, digo, os enfurnou, nos meus ouvidos, todo empolgado, para que eu ouvisse algo entre... o pop, o house ou o techno chinês? Uma gritaria cantada que me aturdiu a ponto de agradecer e devolver imediatamente o aparelho. Ele foi ouvindo música a viagem toda. Em menos de uma hora, estávamos diante do soberbo prédio do Museum.

Começamos a sessão de fotos do lado de fora, ele muito sério, "posado", eu pedindo que falasse "xis" para conseguir um ar de sorriso. Entramos no salão principal, enorme, repleto de salas paralelas, e fui tomada por um *dèjá-vu* com a imagem familiar da imensa carcaça de um dinossauro, que já tinha visto em tantos filmes.

Antes de subirmos, tiramos mais fotos com "Mr. Darwin", solenemente sentado, em sua majestosa estátua, no piso entre o primeiro e o segundo andar. Lá em cima, parei para olhar e fotografar a reprodução de um esqueleto de uma neanderthal woman (mulher de neandertal), descoberto em Israel, de 41 mil years ago (anos atrás), dizia a placa, quando meu acompanhante bateu nas minhas costas e... "go, go, go". My friend não estava nem aí para a carcaça da woman, a evolução do homem e o *homus erectus*, que vinha a seguir.

Ah, meu domingo não seria assim, não mesmo! Tratei de enquadrar the anxious boy (o menino ansioso) com expressões que pesquisei exclusivamente para esses momentos: "Keep your cool" (mantenha a calma), "cool down" (idem), "be quiet" (fique quieto), e quem pediu calma foi ele, com as mãos em prece e um ar brejeiro de arrependimento. "Óqui". Começamos a nos entender.

Saímos do museu e eu disse que precisava de um coffee. Ele perguntou por que eu não esperava o lunch, para que tomar café àquela hora? Eram 11h45. Respondi, com cara de pelotão de fuzilamento: "Because I'm hungry!" (Porque estou com fome!). Ele não questionou mais. Sentamos numa charmosa cafeteria, pedi um capuccino e um croissant, degustei ambos e, quando fui pagar, chegou à mesa um pratão de spaghetti, com queijo, molho e ervas. Era o lunch de J. Ele mergulhou de tal forma no prato que, em cinco minutos, detonou a pasta, sem uma olhadinha para frente, ou para o lado. Era realmente admirable.

Pagamos, olhamos o mapa e fomos caminhando pelo Hyde Park, conversando, ou tentando estabelecer uma conversa. Quando não nos entendíamos, pegávamos outro atalho do idioma. A boa vontade ajudou. Só não conseguimos atalho para o Big Ben. Depois de uns 45 minutos de caminhada, descobrimos que estávamos na direção errada. My friend era tão ruim quanto eu na leitura de mapas.

Pegamos outra direção, mais meia hora de caminhada, sem Big Ben à vista, e decidi me informar com um nativo. Não era exatamente por ali. Ok, thank you. Olhei para J., fiz um breve speech (discurso) sobre a nossa ausência de "radar" e me sentei na grama do parque. Ele aproveitou para fumar, o que aliás fazia bastante.

Já íamos para uma hora e quinze de caminhada, eu precisava de descanso, fotos – e fatos. Deitei, não, me refestelei na grama, com pose de "oh, que vida dura", e pedi a J. para me fotografar. Ele não levou a sério. Não sabia se tirava as fotos ou se tentava entender as atitudes da brasileira maluca, foi o que li no olhar notadamente surpreso de my friend. Achei por bem explicar, didaticamente, que mandaria as fotos para minha família e meus amigos verem "how I have worked hard in England" (como eu tenho trabalhado duro na Inglaterra). Aos poucos ele foi entendendo o espírito da coisa. No final da sessão, ria de se sacudir e me chamava de crazy a cada flash. Descontração carioca 1 x 0 Formalidade chinesa.

Depois do descanso, retomamos a maratona. Sabíamos que estávamos meio longe do Big Ben, mas só descobrimos o quanto depois de mais uma hora e tanto de caminhada. But, no stress. J. era outro. Estava realmente à vontade. Um gentleman quando pegava minha bolsa e meu casaco na hora de me fotografar, ou quando perguntava se eu estava com sede. Falou da namorada chinesa, com quem se relacionava há dois anos. E perguntou se eu tinha namorado, há quanto tempo estava separada, entre outras questões pessoais. Já nos entendíamos bem mais, em nosso English limitado. Inventamos uma forma extra de nos comunicar, com gestos e até performances. Divertíamos-nos com o que falávamos e até com o que não falávamos, mas intuíamos. O que a necessidade faz.

Eis que, ali pelas duas da tarde, não é que finalmente chegamos? J. paralisou na calçada, fascinado com o monumento. Fotografou-o de todos os ângulos e distâncias. Poderia fazer um álbum só da célebre torre e seu relógio. Sugeri de fotografarmos juntos, ele concordou, mas tive de pedir a um grupo que fizesse as fotos. Se J. nem falava com estrangeiros, quanto mais pedir alguma coisa...

E assim fomos fotografados, de pé, até eu me sentar e o convidar a fazer o mesmo, no gramado em frente ao monumento, como dezenas, centenas de turistas. Ele não ofereceu mais resistência. Sentou-se e permitiu-se posar descontraidamente, sob um céu infinitamente azul e um sol ameno, que dispensavam casacos, constrangimentos, interdições de qualquer ordem. Formalidade chinesa 1 x 1 Descontração carioca.

Uma hora diante do big relógio, sugeri pegarmos um bus para visitar a centenária e deslumbrante Tower Bridge. Mas, com tanta gente fervilhando, "turistando", fazendo compras, aproveitando a liquidação do outono, cars and buses a lot (carros e ônibus demais), o trânsito não andava. As calçadas estavam lotadas, nunca vi nada parecido on sunday (no domingo), em nenhuma viagem.

Demoramos quase uma hora no primeiro bus e ainda teríamos de pegar um segundo (eu tinha me informado numa loja). Era demais para a ansiedade de J., já agoniado com a hora da volta. Eram 15h15 e o ônibus para Oxford sairia às 16h30 do Museum. Estávamos longe. Bem longe.

Concordei em voltar. Seria arriscado continuar naquele traffic. J. faria um "arakiri" — nele ou em mim. Mais quarenta minutos em outro bus, ele já entrando em desespero, e finalmente chegamos à nossa estação, às 16h25. Corremos uns quatro quarteirões até avistarmos o museu e o bus. Fomos os últimos a chegar, esbaforidos and very tired (muito cansados). Ainda pedi para ir ao toilet e o guia deixou, porque ainda havia estudantes no Museum. Saímos lá pelas 16h50 e só então, acomodada na poltrona, é que vi o tamanho do cansaço. J. também.

Balanço do passeio, antes de cair no sono: três horas e tanto de caminhada, o "pique" de uma corrida de um quilômetro no final, e a "maratona" de nossas conversas. Valeu pelo exercício físico. O mental equivaleria a uma semana de curso, ou mais. De volta a Oxford, respirei, aliviada e feliz. Agora era só pegar o ônibus and ... home sweet home (lar doce lar).

De fato, teria sido tudo normal se eu não resolvesse parar num small market (pequeno mercado) para comprar uma comida semi-pronta, que eu esquentaria no micro-ondas de mummy. Será que ela se importaria? My chinese friend encarou um big sandwich no "trailer-food" que vendia fast food e se instalava diariamente, às sete da noite, numa "baia" (recuo na rua) próxima ao ponto em que eu costumava pegar meu busão.

Com my frozen food (comida congelada) comprada – era algo com frango, arroz e molho curry –, fui para o ponto. J. despediu-se, podia ir a pé para casa. Sorte dele, porque fui avisada pelo atendente do "trailer-food" que, aos domingos, meu busão só passava até as sete da noite. Quase sentei na calçada e chorei lágrimas de esguicho. Mas nem Nelson (Rodrigues) me salvaria. Estava cansada demais para a tragicomédia, ou para descobrir outro bus e a bus stop onde poderia tomá-lo.

Estava a ponto de me sentir uma estrangeira quando um taxi driver (motorista de táxi) parou para conversar com o atendente do trailer. Olhei para ele, pensei nos pound$ que a corrida me custaria depois de um dia very expensive (muito caro), mas o cansaço foi maior. Decidi negociar. Ele cobrou oito pounds por uma corrida que duraria no máximo cinco minutos. Sabia que estava perto de meu bairro. Uns dois minutos de negotiation, and done (feito). Fechamos em seis pounds. Era caro, mas fazer o quê?

Entrei no carro e disse, com toda a pompa e a devida língua entre os dentes: "Thornhill", com certeza absoluta de que seria entendida. The taxi driver não entendeu *na-da*. Tentei explicar que era na próxima bus station e ele continuou sem entender. Exausta e já irritada, disse: "Go ahead, I'll show you" (Siga em frente, eu mostrarei para você). Ele entendeu que era para seguir em frente, mas não se conformava de eu não saber o nome do district.

O sotaque dele era algo indefinível para uma forasteira. Eu não entendia metade do que dizia. Tentei encerrar a polêmica: "I know the way, I'll tell you". (Sei o caminho, eu digo para você). Ele resmungou algo e logo chegamos ao bairro. Em tom professoral, disse que era Sandhills e não Thornhill, embora um ficasse ao lado do outro. Não satisfeito, me perguntou:

— Where are you from? (De onde você é?)

— I'm from Brazil – respondi, secamente. (Eu sou do Brasil)

Ele riu, soltou um "ah!" e falou que não entendia "xongas" (algo parecido com isso, posso garantir) do que eu dizia. De tão bizarra, a situação passou a ser engraçada. Resolvi esticar a conversa para ver até onde iria meu espertíssimo interlocutor. Perguntei, com clara ironia:

— Do you think that my English is bad? (Você acha que meu inglês é ruim?)

Ele respondeu, no mesmo tom.

— Sooooo bad! I don't understand anything you say. (Muuuuuito ruim, não entendo coisa nenhuma do que você diz).

Àquela altura, já nos divertíamos com as alfinetadas recíprocas.

– I don't believe it! My English is really bad? – prossegui, mais irônica ainda. (Eu não acredito! Meu inglês é realmente ruim?)

– Really, really bad! – respondeu, com a maior desfaçatez. (Muito, muito ruim!)

– But I don't understand your pronunciation, ok? Where are you from? – descarreguei, maliciosamente. (Mas eu não entendo sua pronúncia, também. De onde você é?)

– I'm from Oxford, of course. Are you studying here? – respondeu, altivamente. (Eu sou de Oxford. Você está estudando aqui?)

– Yes, I'm studying English.

– Of course, I imagined you're a student – esnobou. (Claro, imaginei que você fosse uma estudante)

– Well, do you want to know? My teacher said that my accent is very good. – provoquei. (Bem, você quer saber? Minha professora disse que minha pronúncia é muito boa.)

A essa altura chegamos à frente de casa, dei o dinheiro, um good night e ainda tive de ouvir, enquanto saltava.

– Good night, but you'll need to study much more until you learn English – disse, rindo, e arrancando com o carro. (Boa-noite, mas você vai precisar estudar muito até aprender inglês.)

Antes de entrar, entre perplexa e divertida, me ocorreu um único pensamento: Vox populi, vox Dei? Or vox teacher, vox Dei?

Foi difícil levantar no dia seguinte. Estava mais moída que na véspera. Fui para a escola me arrastando, com bolsa, computador e tudo o que sempre levava nas costas.

Apressei o passo na reta final, entrei na cafeteria esbaforida, certa de que estava atrasada, e descobri que meu dia começaria só na segunda aula. O primeiro tempo era vago. Corri à toa. Deixei-me desabar numa cadeira perto do colega iraniano, dei um "good morning" morno, ele me olhou, and...

— Are you sick? (Você está doente?)

— Why? — respondi, assustada.

— Because your face is... strange, you seem sick — respondeu, com expressão preocupada. (Porque seu rosto está... estranho, você parece doente.)

Oh, gosh, e essa, agora... Eu, sick? Meu pensamento estava tão lento que só então me lembrei de contar as peripécias "in London, with J." Ao saber de nossas andanças e "erranças" pela capital, meu colega fez expressão de alívio e me contou que soube, pela "rádio-corredor" (ele não usou este termo, mas o fato é que soube por terceiros), que teríamos um novo professor nesta terceira semana de curso.

Another teacher? Fiz a little speech (um pequeno discurso) sobre a terceira mudança de nosso main teacher (professor principal), em três semanas, sem qualquer comunicado ou explicação por parte da direção. Além disso, a excelente professora da class de vocabulário tinha saído na semana anterior para assumir outra turma. No lugar dela, entrou um professor esforçado, mas sem carisma. Muitos alunos reclamaram depois da primeira aula, um tanto monótona. Eu disse que tínhamos de conversar com o diretor, e não ficar reclamando nos corredores. Eu e mais dois colegas fomos à sala da direção, mas the boss não estava. Conversaríamos quando voltasse.

Finalmente, tivemos a primeira aula com Teacher C., que chegou inundando the class com seu jeito friendly de ser. Alto, boa forma física, barba e bigodes tratados e ruivos, ele cumprimentou a turma com a espontaneidade de quem domina o ofício. Ficamos à vontade desde o primeiro "good morning!".

Ele fez as perguntas de praxe – Where are you from? How long will you stay here? – e falou da própria experiência. Já tinha morado em vários países, inclusive na Espanha, e falava espanhol fluentemente. Morou em Paris durante um ano, mas "arranhava" o francês. Tinha 37 anos, era formado em Inglês e pretendia fazer mestrado em Literatura. Adorava ler. Perguntamos se ficaria como nosso professor nas próximas semanas e ele disse que "provavelmente sim". Identificou-se com o grupo de espanhóis e, vez por outra, dava "cola" (in Spanish) de alguma palavra que eles não entendiam. Saímos animados com a troca de teachers.

No dia seguinte, quando entrei na sala, mal reconheci nossa turma. Era terça-feira, dia da chegada de novos alunos, com franca maioria de mulheres – duas belgas, uma turca, uma chilena, uma mexicana, uma venezuelana, uma russa, além do quarteto espanhol. Teacher C. fez as perguntas de rotina aos novatos, falou brevemente sobre seu currículo até entrar na lição do dia: o que cada um sabia sobre o United Kingdom.

Ele perguntou quais eram as duas características básicas da Inglaterra. A turma silenciou e ele respondeu: o idioma, falado no mundo todo, e mais o quê? "What is bad in England?" (O que é ruim na Inglaterra?), insistiu ele. Pensei na longa espera dos buses, mas arrisquei o "fish and chips", no que ele acrescentou, sorrindo, com seu calibrado timbre sonoro: "Bad food and bad weather". (Comida ruim e clima ruim). E se pôs a discorrer sobre essas características e outras tradições britânicas. Fim da aula, the teacher C. was really friendly (era realmente simpático), but... um pouco prolixo, talvez?

O tempo seguinte foi no ILAB. Later (depois), a última aula, de vocabulário, and then... lunch and free time (almoço e tempo livre) à tarde! No início do almoço, um susto: o alarme da escola soou e todos, alunos e professores, foram encaminhados para o lado de fora, muitos com os pratos de comida e sanduíches nas mãos. O diretor e sua assistente andavam para lá e para cá, preocupados. Não parecia treinamento para caso de incêndio ou algo assim. Era um corre-corre do pessoal da escola, mas ninguém explicava nada. Uns alunos estrangeiros aventaram, com malícia, a hipótese de uma bomba, provocando risadas cúmplices.

Melhor nem pensar na improper joke (brincadeira inapropriada). Sabíamos apenas que havia uma equipe de segurança lá dentro. Uns quarenta minutos depois, a direção liberou a entrada e todos voltaram ao refeitório. Curiosa com o rebuliço, perguntei a um professor o que tinha acontecido. Ele disse que ainda não sabia, mas que provavelmente algum aluno tinha fumado em local não permitido e acionado o alarme contra incêndio. Segundo ele, isso já tinha acontecido antes.

Passado o susto e o lunch, meu destino era... mítico: conhecer the University of Oxford and Christ Church, que abrigava a Oxford Cathedral e foi cenário dos filmes de Harry Porter. O conjunto é conhecido como a place of superlatives (um lugar de superlativos). Como sugeriu teacher C., nada melhor do que uma aula prática: sair sozinha e ser obrigada a entender e, o mais difícil, me fazer entender.

SONORIDADES

In fact, o desafio era superlative: aprender inglês, with the accent (pronúncia) britânico.

Example: beautiful (bonito). In UK, pronuncia-se algo como "bítiful". Nos US, é "bíurifou". Outro exemplo: more, in UK, é "mór" (com "r" suave). Nos US, é "móóórlll" ("enrolando" bem a língua e ênfase no "r"). Em muitas situações, os ingleses não entendem o "americanês" — e vice-versa. Por isso é bom saber as diferenças de pronúncia das palavras mais usadas nesses países.

Outro example: mummy não entendeu quando falei a palavra smart (inteligente). Eu mudei para intelligent, clever (tinha aprendido a diferença naquela semana) e tudo se esclareceu. Smart é mais usado nos US.

Really... haja "cabeção" (como se diz no Rio). Or, big head (na minha "livre tradução"). Jamais pigheaded (cabeçudo). Melhor se manter coolheaded (cabeça fria) and... go away ("vamo que vamo", em tradução brasileiríssima) to the best on the past.

Minha viagem a the place of superlatives começou assim que paralisei diante dos magníficos portões da University of Oxford, que começou a funcionar como escola em 1096. Fazer esse tipo de "conta", para uma brasileira, is incredible. Quase irreal. E, no entanto, ali estava a arquitetura da Idade Média, com gárgulas e brasões cravados de ouro.

Fiquei um bom tempo olhando e fotografando a fachada. Entrei devagar, como quem chega a um castelo assombroso – e fechado a visitantes, avisava a placa. Era época de férias dos estudantes. Mas como não havia ninguém na porta, bastaram alguns passos para ver a bela área interna, em forma quadrangular (típica das construções da época), adornada por um jardim excepcionalmente cuidado. A torre, com brasão, no lado oposto à entrada, é circundada por várias portas, que levam aos aposentos e salas de aula.

No pátio silencioso e vazio, apenas uma alma viva: um jovem com terno impecável. Tinha duas malas e não desviava o olhar do outro portão. Nesse semideserto, fui caminhando devagarzinho pelo jardim, fotografando, me aproximando de uma das portas laterais, esperando que alguém reclamasse, chamasse atenção, e fui chegando, chegando, até que... pulei numa delas, curiosíssima para ver para aonde levaria. Subi a arcaica escada de madeira com respeito reverencial and... tudo conservado, íntegro, imaculado, até o primeiro, até o segundo andar.

Podia ouvir minha respiração. Minha? Ruídos de monges, bispos, reis, nobres, pisavam a madeira de mil anos que rangia a meus pés. Alunos conversavam em inglês, ou seria latim? Austeros tutores orientavam seus protegidos. Professores empertigados ensinavam matemática, grego, ciências. Alguns estudantes circulavam em seus requintados aposentos – dava para ouvir as conversas e risos atrás das portas.

Com exceção de alguns jovens apressados, todos desciam e subiam a escada com nobre leveza. Nem notaram minha presença. Melhor assim. Desci lentamente os degraus, marcados por rachaduras que lhes conferiam ainda mais personalidade. Há quanto tempo aquela madeira sustentava o peso de ser a quarta universidade mais antiga do mundo? Voltei ao pátio principal e me encaminhei para o portão da torre, de onde vinha um... som? Andei a passos fugidios, me esgueirei pela porta sob a imponente torre, entrei no outro prédio e me deparei com uma festa. Não uma festa qualquer.

Num majestoso salão em estilo medieval, com enormes portais coloridos e uma suave música clássica, acontecia uma cerimônia de formatura. Todos os alunos paramentados com togas e chapéus, acompanhados de parentes que lotavam as mesas retangulares, repletas de taças de cristal e louças antigas. Estou no século XIII, XIV,

XV? Minha nobre e curiosa criança saiu fotografando, registrando, espiando, enquanto não levava um pito da guarda do Rei. Ninguém se aproximou. Nem reclamou (?). Saí incólume e embevecida, como testemunha de uma cerimônia ilustre, proibida a plebeus.

No trajeto de saída – com alma enlevada e nariz empinado –, atravessei o jardim feito fidalga e passei pelo jovem de terno, que estava sendo recepcionado por alguém da escola. Era um novo aluno. Not so bad. Vestido daquele jeito, não poderia ser um plebeu. Estudar num castelo não é para qualquer um. "Good luck, sir" (boa sorte, senhor), pensei, enquanto atravessava os portões com porte de duquesa. Ou princesa.

Dispensei a carruagem que me aguardava e abri meu guarda-chuva, o tempo andava carrancudo, ora molhando, ora aquecendo. Daria um passeio até Oxford Cathedral e Christ Church College, o conjunto mais tradicional da chamada confederação da University of Oxford, que reunia colégios, livrarias, igrejas, museus e catedrais. Dali, seguiria para um chá com amigas no Grand Cafe, 84 High Street, que havia sido inaugurado "há pouco", em meados do século XV. O problema é que costumava lotar no final da tarde, posto que era novidade. Don't worry, duquesa. Seu lugar era cativo.

Antes, porém, cativante foi caminhar pelos domínios do college fundado em 1524, com the biggest (os maiores) quadrangle (area interna), hall (átrio, espécie de salão principal), library (biblioteca) e sua própria art gallery (galeria de arte). The Christ Church College formou treze Primeiros-Ministros ingleses e acolheu alunos excepcionais: John Locke, filósofo; Albert Einstein, cientista (estudou lá em um período do ano de 1930); e escritores como W.H. Auden e Lewis Carroll, pseudônimo de Charles Dodgson (1832-1898), autor de *Alice no País das Maravilhas*. Ele foi aluno de matemática e, depois, professor no college durante anos.

Nas fabulosas dependências de Christ Church College, Dogson começou a contar wonderland stories (histórias maravilhosas) para a menina Alice e seus três irmãos, filhos do diretor do colégio. Dessa convivência nasceu Alice's Adventures in Wonderland que, em grande parte, foi inspirada no cotidiano e na arquitetura de Christ Church. Junto ao college está a Cathedral Church for the Anglican Diocese of Oxford, com sua biggest gate tower (a maior torre de entrada) e the loudest bell (o sino mais barulhento). Eram tantos turistas circulando pelo local, num final de tarde chuvoso, que se formavam filas nas muitas atrações do complexo catedral-colégio, sempre aberto à visitação (com exceção de algumas áreas exclusivas a estudantes e professores).

Oh, yeah! Diante desse monumento, era possível entender, e se inspirar, na poesia de The City of Dreaming Spires. As catedrais e construções góticas, características da Idade Média, representavam não só um sentimento de espiritualidade, com suas torres "tocando o céu", como também the greatness of God (a grandeza de Deus).

"Extraordinary", pensou a duquesa em seu irremediável minimalismo. Concordava plenamente com o que havia lido, dias atrás, num livro sobre a cidade. Um dos maiores encantamentos de Oxford é que seus castelos, construídos para servirem como escolas e não como fortalezas para eventuais guerras, e sua arquitetura ousada, prenunciaram, desde sempre, a vocação da cidade: a inovação e o conhecimento. Wonderful.

Hora de ir embora. Onde estaria a porta de saída? Alice saberia. Conheceu todos os buracos e esconderijos correndo atrás de seu parceiro de adventures, the white rabbit, o coelho desassossegado que usava um relógio e estava sempre apressado. Certamente, estariam "aprontando" alguma. Melhor deixá-los brincando. Goodbye, Alice e Rabbit. Goodbye, senhora duquesa. Precisava de one beer or whiskey, something strong (alguma coisa forte), que me tirasse desse estado de... maravilhamento, isso é um perigo, uma transcendência, uma viagem metafísica. Como voltar impunemente à realidade?

Acelerei o passo, dobrei a esquina e fui imediatamente, inevitavelmente, resgatada ao plano terreno. Fast food, caixas eletrônicos, fish and chips, liquidações. Entrei numa rua antiga, sem castelos, com casas-gêmeas, very, very beautiful. Wow! Que lugar é esse? Minha vista se voltou para um antiquíssimo beco, com estreita calçada de paralelepípedos, que me deixou intrigada. Não era um calçamento comum. Segui a trilha, entrei numa construção indeterminada, passei por uma ou duas salas e saí num lugar a céu aberto, com todas as mesas ocupadas, muita gente bebendo. Continuei minha busca por um lugar desocupado, passei por outra área, também aberta, com grandes mesas retangulares, "medievais", e uma placa proibindo o fumo. Que lugar cheio de ambientes era esse?

Finalmente, cheguei à parte fechada da taberna e lá estava o slogan, na placa antiquíssima: "The Turf Tavern, an education in intoxication" (The Turf Tavern, uma educação em intoxicação). Nada como o humor inglês. Em outra placa: "A mais antiga taberna de Oxford, pode ser datada de antes de 1381, conforme registro de impostos baixados por Ricardo II. (...) Em 1775 (quando foram proibidas as brigas de galo, de espada, entre outras práticas no local), o nome mudou e voltou a ser The Turf".

My goodness! A taberna era quase tão antiga quanto o complexo college-cathedral. O teto da sala principal era tão baixo que homens mais altos não podiam ficar com a coluna ereta. Os banheiros, a cozinha, as instalações e os encanamentos eram centenários. Consegui me esgueirar entre os drinkers (os que bebiam) e pedi one beer, cold and half, please. Desceu rápido, tal a sede de me situar. Resolvi seguir o slogan da casa. Pedi uma dose de Jack Daniels, o whisky onipresente nos pubs ingleses. Argh, um gosto esquisito, mas desceu rápido. Também, pudera, a dose inglesa é ínfima. Another, please (outro, por favor). E foi então que, I swear (eu juro), olhei para o lado de fora e vi os "nobres" da cerimônia da University of Oxford com a mesma roupa — toga e chapéu —, comemorando, bebendo em pé, feito... plebeus.

Esfreguei os olhos, olhei de esguelha, eles estavam lá. Fechei-os de novo e... óqui, óqui. I surrender (eu me rendo). I'm intoxicaded, absolutely intoxicaded. This is Oxford. A cidade que nos intoxica. Full time.

NEWS FROM OXFORD

De Rejane
(Caxias do Sul, RS)

Cátia, a liberdade é mesmo azul? Pelas suas palavras podemos ver que o "desligar-se" da casa, família, trabalho, fizeram com que vc pudesse alçar um voo diferente, pessoal. E que está lhe rendendo grande crescimento interior.

De Cátia
Para Rejane

Dear Rejane, usei a cor azul porque uma das descrições mais comuns daqui é o céu cinza. Pois tenho visto belíssimos dias azuis, com sol. Mas, mesmo que o céu estivesse cinza, me sentiria colorida.

Quanto à cor da liberdade, Rejane – good question, típica de escritora –, acho que é multicolorida. O que significa que, às vezes, também é cinza. Outro dia, durante o jantar, insisti, brincando, numa pergunta a meu brother sérvio, enquanto ele mastigava, e mummy me chamou de rude (rude). Fiquei "passada", eu estava brincando com ele. Perguntei a S. se tinha sido rude e ele, meio sem jeito, disse que não.

Acho que ela não devia ter interferido na minha brincadeira com ele. Me recolhi assim que acabou o dinner, com uma sensação de... exclusão. Fui para o quarto, o céu estava estrelado. Achei que era um presente, uma compensação para me fazer entender o pequeno entrevero. Cheguei à conclusão de que o incidente no jantar foi um choque de culturas: o que é ser "educado" ou "rude" para cada povo? No dia seguinte, a chateação passou. Ela deu bom-dia como sempre, eu respondi como sempre, e saí feliz como sempre.

Enfim, a liberdade é ótima, mas é preciso "ligar a antena" para o inevitável choque de culturas. E também para another question: a solidão, principalmente quando se transforma em solidão que dói, diferente da solidão desejada. Enfim, a vida é esse novelo de cores. Mas aqui, com certeza, tem sido muito mais colorida do que cinza.

De Luck
(Salvador, BA)

O Flamengo está empatando... Debaixo de um toró.

De Breno e Mímica
(Rio de Janeiro, RJ)
Para Cátia

Dindinha, o Mengão ganhou!

De Cátia
Para Breno, Mímica e Luck

Uhuuuuuuuuu!

Lourdes
(Rio de Janeiro, RJ)

Curiosidade. Tira uma foto com o chinezinho e manda, estou curiosa (rs).

Beijocas dançantes

De Cátia
Para Lourdes

Já tenho a foto, pessoal. Em breve saciarei a curiosidade geral.

Beijos

Cheguei em casa no final da tarde, abri a porta para o delicioso cheiro da comida de mum e o aviso costumeiro: "The dinner is almost ready" .

Back to reality (de volta à realidade). Nem duquesa, nem drinker, nem intoxicated. Queria pensar, restabelecer contato com o planeta home, parents and brothers. Fui pitar um cigarro, anoitecia, o frio gostoso me acalentava dentro do casaco macio quando chegou A., a filha mais nova do casal.

— Hello, how are you? — perguntei, assim que ela saltou do carro. (Olá, como vai você?)

— I'm fine, thank you, and I'm here again — respondeu, sorridente, referindo-se à visita da véspera, quando nos encontramos no mesmo local e na mesma situação. (Eu vou bem, obrigada, e estou aqui de novo.)

— And I'm here too, I smoke only at night. — respondi (E eu também, eu só fumo à noite).

— How long will you stay here? — quis saber. (Quanto tempo você vai ficar aqui?)

— Five weeks — emendei, me concentrando para não errar. (Cinco semanas)

— Do you... ? — ela perguntou, mas não entendi o resto da frase.

— What? — soltei, me esquecendo do "pardon" or "excuse me" antes da pergunta, que droga!

— Do you miss your family? — repetiu ela, docemente. (Você sente saudade da sua família?)

— Yes, but I have had a good time here, it's a fantastic experience — alonguei-me, orgulhosa de ter enfim usado o "past participle" (particípio passado), com o "have had". (Sim, mas eu tenho tido uma ótima temporada aqui, é uma experiência fantástica.)

— And my mummy talks a lot, lot, lot! — brincou, com sorriso matreiro. (E minha mãe fala muito, muito, muito!)

— Your parents are adorable, I like them so much — devolvi, empolgada. (Seus pais são adoráveis, eu gosto muito deles.)

— I'm going, see you later, my "sister" — disse, sorrindo, enquanto entrava. (Eu vou indo, vejo você depois, minha "irmã".)

— Ok, see you, "sister" — respondi, contente com o tratamento afetuoso. (Ok, vejo você, "irmã".)

Not so bad. Não sei como, nem de onde, "baixou" uma advanced student (estudante avançada). Ou, melhor dizendo, uma intermediate student.

Sentei-me à mesa do dinner pronta para conversar a lot. Era o último dia de meu brother dinamarquês em Oxford. Ele partiria no dia seguinte, após intensos debates no jantar e uma convivência amigável e divertida durante 16 dias. Numa conversa naquela manhã, P. me disse, com a costumeira gentileza, que tinha gostado da convivência e da temporada em "nossa casa". Impossível não sentir um nó na garganta. Provavelmente não nos veríamos nunca mais. Assim como quase todos os colegas de curso que conhecíamos e com quem estabelecíamos relações, umas mais próximas, outras menos.

Alguns momentos na escola foram memoráveis. Na única aula em que um professor faltou (nas minhas cinco semanas), a sala estava cheia de alunos — e de diversidade. A conversa começou entre duas pessoas, mas logo ganhou a turma. Uma jovem iraniana ensinava como falar "alô" em persa: shalá, dizia ela, e todos repetiam. A partir daí, cada aluno foi traduzindo o "alô" em suas respectivas línguas: russo, japonês, chinês, italiano, espanhol, francês e árabe. Todos repetiam a palavra, com seus diferentes sotaques, o que tornava o "alô" diferente, "nacionalizado", e engraçado, acima de tudo. Terminamos numa grande roda, dizendo shalá a uma só voz para as fotografias que eternizaram o momento de paz e confraternização entre os povos.

E, agora, nos despedíamos de nosso brother e da rotina com ele. Estávamos tão à vontade em nossa casa que, nas horas de folga e nos finais de semana, meus brothers andavam de meias. Conversávamos descontraidamente com mum and daddy, mostrávamos fotos de nossas famílias arquivadas nos computadores, S. pedia "cola" para mummy nas redações mais difíceis (e ela "quebrava" a cabeça para ajudá-lo), falávamos do cotidiano em nossos países, falávamos "abobrinhas", ríamos e comíamos muito no dinner, mesmo quando alguém estranhava alguma iguaria.

Num raro dia de carne vermelha – muito cara in England –, brother sérvio teve de ser "apresentado" a ela. Mum fez uma espécie de picadinho, delicious, com arroz, outro prato incomum. Ele comeu, mas não se empolgou. Disse que, na Sérvia, come-se carne de porco diariamente, como nós comemos carne vermelha no Brasil. Brother P. contou que, na Dinamarca, a carne vermelha também é cara, e, portanto, rara. Ele aprovou o picadinho, entusiasmado.

A conversa mudou para os negócios do pai de S., um empresário bem-sucedido, e a possibilidade de ele ter de sair da Sérvia, onde vivia a família, para assumir a presidência da empresa em Montenegro (as repúblicas de Sérvia e Montenegro fazem parte da extinta Iugoslávia). Daí em diante, mummy and brother sérvio travaram um diálogo ininteligível para meu little bit of English. Tentei fazer uma pergunta, ninguém me ouviu, tentei de novo, me ignoraram novamente, tentei uma terceira vez e... "heeeeeeelp me, daddy M.", quase berrei finalmente interrompendo a conversa e a atividade de M., ocupado em colocar a louça na máquina.

— They're ignoring me! – bradei, inconformada. (Eles estão me ignorando!)

Brother S. deu aquela gargalhada que abria caminho para o riso geral. Daddy veio imediatamente, já rindo, ouviu minha queixa em tom teatral, com a ressalva de que só ele me entendia e me acudia nessas horas. Quanto mais me queixava, mais eles riam, e até se desculparam. Achei que o problema estava resolvido. Assim que daddy saiu da cozinha, eles voltaram a conversar, entre eles. Sem tradução simultânea, nem subtitle (legenda).

Enough (basta). Dei boa-noite – isso eles responderam –, fui à cozinha, peguei um glass of water (copo de água), como sempre fazia antes de deitar, e encontrei daddy na escada. Ele aproximou-se, com ar de menino travesso, e me confidenciou: "I drank three beers today!" (Eu bebi três cervejas hoje!), o que significava que ele driblou a vigilância de mum e a "permissão" de beber apenas uma por dia. Rindo da confidência, respondi com um animado "good, good!", o dedão levantado e a alma lavada. Daddy, definitivamente, era meu partner. Full time.

DA SÉRIE "PARA BRASILEIRO VER"

(1) Muitos ciclistas não usam nenhum material fosforescente para serem vistos à noite. E a quantidade de ciclistas é impressionante, de todas as idades, a qualquer hora do dia. Eles andam em faixas próprias, mas algumas ruas não as têm e eles se misturam aos carros e aos ônibus. Mais um motivo para usarem o tal material, but...

(2) Num final de tarde, entrei na loja de departamentos mais conhecida, no centro, para ir ao toilet. Lá dentro, enquanto esperava uma cabine vagar, a porta se abriu e... um homem, de uniforme e material de limpeza, adentrou o recinto, na maior espontaneidade, devo reconhecer. Deu um "good evening" (boa-tarde) e foi limpar uma cabine. Outras mulheres entravam e agiam como se fosse tudo normal. A única aparvalhada era eu. Well, na minha vez, tranquei bem a porta, vai lá que o employee (empregado) resolve meter a mão na maçaneta, espontaneamente. Quando saí, lavei as mãos, ele saiu de dentro de outra cabine, passou por mim e disse "thank you"(?). Por quê? *I have no idea* (não tenho a menor ideia). Só sei que, dali em diante, fiquei atenta sempre que entrava num toilet. E não ajeitei mais a roupa do lado de fora da cabine, como muitas vezes fazemos in Brazil. No que fiz bem, porque a cena voltou a acontecer em outro local, ou seja, é normal para as inglesas que os toilets sejam limpos por men.

Aula no ILAB, e lá estávamos às voltas com a unit 47: Rites of passage (ritos de passagem). Por meio de temas como batizado, noivado e casamento, aprendíamos (ou relembrávamos) como usar o simple past in the passive voice (pretérito perfeito na voz passiva) e as relative clauses, orações nas quais se busca mais informações sobre alguém ou alguma coisa com o uso de who, which, when, where.

Com base nesses assuntos, resolvi fazer meu primeiro teste no computador. Todas as questões eram de múltipla escolha. No fim do teste, o resultado: em grammar tive 80 por cento de acertos; em vocabulary, 62 por cento; em listening (caindo na real...), 40 por cento; em reading (leitura), 14 por cento de acertos e 57 por cento blank (vazio), ou seja, deixei parte do teste em branco, sem perceber. Resultado geral: 48% de acertos, 36% de erros e 16% blank. Melhor que no teste de chegada.

Desci satisfeita no intervalo para tomar meu cappuccino, que vinha num copo médio, com pitadas de canela. Estava saboreando meu café – e meu "triunfo" –, quando minha amiga R., from Israel, chegou, excitadíssima, perguntando se podia falar comigo. Respondi que sim, e ela cobriu o rosto com a echarpe.

– I'm embarrassed – confidenciou, destampando em seguida a face corada.

– What? – perguntei, sem entender nada. (O quê?)

– I'm embarrassed. Dou you know what it means? – insistiu, com eloquência. (Eu estou (?) Você sabe o que isso significa?)

Eu achava que sabia, mas, diante da comoção de minha amiga e da prática de duas semanas falando "portunhol" diariamente com meus colegas from Espanha, sei lá por que me veio à cabeça a palavra "embarazada", que significa gravidez, em espanhol. O fato é que, nos milésimos de segundos seguintes, me embaralhei. Totalmente. Ela tinha falado que não queria filhos e agora descobria uma... gravidez?

— Yesterday, I had a date!— desvelou-se, enfim, coradíssima, e cobrindo novamente o rosto. (Ontem eu tive um encontro!)

— What? — interpelei, perplexa, sem entender como, onde, por quê.

— Do you know, a date?— tentou, novamente. (Você sabe, um encontro?)

— Ah! A date, yes... yes... but... with who?— respondi, mais perplexa ainda, já que ela era good em tudo, boa aluna, boa amiga, sincera, devotada, vegetariana, ótimo astral, e, agora, embarrassed. (Ah, um encontro, sim, sim... mas, com quem?)

Contou que tinha ido a um pub, na véspera, com M., o italiano da minha turma! Fiquei... bege. Balbuciei aquelas coisas, "ah, oh, my goodness, o M.!", enquanto ela ia dizendo que tinha tido uma briga com o namorado, via internet, e quando M. a convidou para sair, pouco depois, ela aceitou. In fact, eles já vinham conversando há dias.

A essa altura, já me recuperando do "abestamento" e entrando na fase do "bisbilhotamento", perguntei o que tinha acontecido. Ela não entendeu. Tive que ser mais explícita:

— I'm talking about the kisses, touching, carresses — respondi, didaticamente. (Estou falando sobre os beijos, toques, carícias.)

Empacamos na carress. R. não entendia a palavra. Nem com a performance de meus gestos "calientes". Ela interrompeu o relato — e a convulsão de sentimentos — para procurar a tradução no dicionário – eis o cotidiano de uma escola de estrangeiros, ainda mais quando se trata de uma "bomba, bomba!". Em minha opinião, merecia manchete na primeira página, com nota de destaque na sessão de gossips (fofocas) da coluna mais lida do informativo da school. Então, só me restava apurar. Mas o que veio, depois de ela descobrir o significado de carress, não dava nem notinha de rodapé, daquelas pequenininhas, na parte de baixo dos jornais.

– Are you crazy? There were no kisses, he touched my hand, we talked. What did you think? – arguiu minha amiga, quase ofendida. (Você está louca? Não houve beijos, ele pegou minha mão, nós conversamos. O que você pensou?)

– I thought what is normal on a date – rebati, perplexa. (Eu pensei o que é normal num encontro.)

Ouvi, então, uma dissertação exasperada – e um tanto racional – sobre os motivos da "reação" dela, alegando que não poderia "ter feito nada, não por ninguém, mas por causa dela mesma" etc. e tal. Para mudar o rumo da aflição, que se bandeava a olhos vistos em direção à culpa, brinquei dizendo que teria "uma conversa" com M. Feito adolescente, ela levou as mãos à cabeça, em desespero, até eu falar realmente sério: nosso colega só teria mais uma semana em Oxford, ela sabia?

– I Know, I know, but, what can I do? – devolveu, angustiada. (Eu sei, eu sei, mas o que eu posso fazer?)

– Oh, my dear, you can do that, if you want – arrisquei, ainda sem saber se a angústia era maior que o desejo. (Ó, minha querida, você pode fazer isso, se você quiser.)

— Oh, no, no! — ela repeliu, categoricamente.

Decidi não falar mais nada. A natureza humana se encarregaria de mostrar quem estava com tesão, digo, razão. Em hebraico, português ou inglês. Fosse como fosse, descobri que estava me entendendo cada vez melhor com minha amiga, em inglês. Nas duas primeiras semanas, jamais teria tido um diálogo como esse. A conversa seguinte seria melhor ainda. Quase não acreditei em minha argumentação in British. *In natura.*

PARECE, MAS NÃO É

Carry on with my discoveries (continuando com minhas descobertas)..

Introduced — apresentar alguém
Present — estar presente, algo atual, momento atual
Gift — um presente que se dá a alguém

Mess — confusão
Mass — missa

Simpathetic — simpatizante de uma causa, de uma ideia
Pleasant (friendly) — simpático, agradável

Live – viver, sobreviver, morar (pronuncia-se "lif")
Live – ao vivo (pronuncia-se "laiv" – durante, enquanto)
Leave – deixar (pronuncia-se "líiívi", com ênfase no "ea" com som de "iii")

Subject – assunto
Subjective – subjetivo

Living and learning (vivendo e aprendendo)...

Wow, gosh, my goodness, whoops, hush! (exclamações de contentamento). Finamente, depois de quase três semanas de tentativas e desencontros, consegui ver e falar com minha filha pela web cam. E também vi nosso cachorrinho, Thor, que ficou intrigadíssimo ao ouvir minha voz e não me ver.

Era tanta coisa para dizer, para perguntar, que não sabia por onde começar. My daughter estava bem, estava ótima, linda como sempre, no sufoco do ano de vestibular, com aulas pela manhã e à tarde. Além disso, organizava a party (festa) de seus 18 anos, cheia de ideias e surpresas. Responsável, criativa, plena de energia e vida, ela é "tudibom", como dizemos na saudosa comunidade (Orkut), "Bolicho Literário".

Não sinto culpa por estar longe, como acontecia em outros tempos. Bem cercada pelo pai, pela família e por muitos e muitos amigos, ela sabia o quanto a viagem era importante para mim, e como desejava a mesma experiência para ela. Curiosa, fez perguntas sobre o curso, Oxford, onde eu estava, tentei mostrar o refeitório da escola pela cam, com imagens... not so good, mas o que interessava eu tinha conseguido. Voltei para casa feliz. O engasgo ficou por conta de um breve recado que ela tinha deixado em minha página do Orkut: "Mãe, me sinto meio vazia sem você aqui". Aquilo ficou ecoando naquele dia, em outros dias e momentos. Não era dor, era amor (como se ambos não fossem a mesma coisa...).

"Nada mudou, tudo mudou
Estava um pouco longe,
Está mais longe,
Continua perto
Como sempre/nunca."

Luiza cresce a olhos vistos – apesar da miopia (a minha, não dela). Cada vez mais "perto/longe, sempre/nunca". Vejo a imagem alegre, radiante, vital, de minha filha. Ela me diz que posso e devo seguir meu caminho. O que a encoraja a seguir o dela. Sabendo que nossas vidas serão eternamente, vividamente, feitas de interseções.

Na segunda aula, deu para perceber que teacher C. não tinha nada de prolixo. Era culto e, além de explicar muito bem as matérias, falava conceitualmente, aconselhando os estudantes como nenhum professor tinha feito. Nesse dia, ao perceber as dificuldades básicas dos alunos, ele foi enfático no que era importante para students do nosso nível.

Em primeiro lugar, "estudar, estudar, estudar. Gramática, vocabulário e pronúncia. Sem isso, nada vai à frente". Em segundo, ter um dicionário de inglês com a língua nativa de cada um, sem o qual ficaríamos perdidos. No futuro, quando dominarmos boa parte do idioma, precisaremos de um bom dicionário só de inglês. E, em terceiro, aprender o som das vogais e consoantes em inglês, porque, sem a pronúncia correta, não seremos entendidos.

Assim como o contrário também acontece, disse ele, perguntando se já tínhamos conversado com taxistas ingleses e percebido como é difícil entender a pronúncia deles. Oh, yeah! Senti-me vingadíssima do taxi driver que arrasou my English. Pode parecer exagero, mas ouvir algo assim (a dificuldade de certos "nativos" com o próprio idioma) dá um upgrade no moral e na esperança de que estamos aprendendo, apesar da desordem neuronal.

Great teacher! Em seguida, a aula complicou um bocadinho, no capítulo "Look to the future" (Olhe para o futuro). Incluindo "use will and going to" (use "irei" ou "estou indo"); "use the connectors so, and, but, because, until" (use as conjunções "assim, e, mas, porque, até"); and "read and write about predictions" (leia e escreva sobre previsões).

Pausa para a segunda aula – e para meu capuccino "de lei". Em seguida, teacher deu exercícios, tirou dúvidas and, finally, falou sobre the polite questions (questões relativas à educação no trato pessoal). Exemplo: a diferença entre duas formas de perguntar:

1. "Do you speak Japanese?" (Você fala japonês?)
2. Polite question: "Could you tell me if you speak Japanese?" (Poderia me dizer se você fala japonês?).

Nestes casos, explicou teacher, temos que usar the modal verbs of probability (os verbos que usamos antes de outros verbos para dizer ou perguntar alguma coisa). Exemplo: you can, you may (você pode), you must (você deve)... and... depois de 45 minutos, my brain was broken (meu cérebro estava quebrado). Na verdade, era a terceira aula da manhã e, nesses dias de três aulas consecutivas, a cabeça soltava fumaça e pedia a break (um tempo).

Hora do almoço, precisava de "brasileiro" (o idioma)! Saí quase correndo da sala para conseguir uma das conexões de internet a cabo, que eram disputadíssimas nos horários de rush. Queria notícias, contar novidades, falar e pensar em português. Um recreio para meus combalidos neurônios. O tempo seguinte era livre, então teria mais tempo na internet, great!

Depois disso, a última aula era, my godness... Lecture. Uma chatice, como as duas anteriores. A desse dia era sobre um músico inglês very old (muito velho) e suas músicas... engraçadas, digamos assim. O professor colocava as músicas e pedia para que os alunos cantassem com ele os refrões (?). Supostamente, seria algo divertido, além de informativo. Mas, na prática, quando ele chegou à canção sobre o hippopotamus, foi... pesado. A tal ponto que minhas pálpebras ficaram mais pesadas que o mamífero, e foi impossível mantê-las abertas.

Só quando senti um flash de máquina, elas abriram para ver a gargalhada abafada de meus colegas, que tinham me fotografado em sono (quase) profundo. Bom, foi um rebuliço dentro do auditório lotado por três turmas, e também a salvação para um final de dia cansativo. Acordei de vez ao me ver quase "babando" na câmera de minha colega russa. Não reclamei. Tinha feito o mesmo com ela numa aula de... quê mesmo?

Assim que saímos do auditório, todos da turma se entreolhavam com jeito de quem nem precisava falar nada. O que tinha sido "aquilo"? Well, nada na vida é perfeito. Muito menos um hipopótamo que "canta" e quer que a gente cante junto. Evidentemente que, no documento de avaliação de final de curso, ressaltaria a inoperância, e falta de sentido das Lectures e seus temas bizarros.

Quando vivemos um tempo no exterior, viramos estrangeiros — de nós mesmos. Descobrimos hábitos e possibilidades que não imaginaríamos, ou não praticaríamos em nossa rotina nativa. Uma das minhas descobertas — ou prazeres — foi unexpected (inesperada): ouvir música no escuro do quarto antes de dormir.

Felizmente (sim, é bom mudar os hábitos), alguns fatores contribuíram: não tinha televisão nem internet no quarto. Quando lia, eram os exercícios do curso ou os livros que comprava sobre Oxford. Não queria ler nada em português, por razões óbvias. E ainda tinha de escrever o que acontecia de importante durante o dia, num misto de português-inglês. Quanto mais o tempo passava, mais eu escrevia – e pensava – in English, ainda que tivesse de corrigir depois (in fact, sempre tinha de corrigir).

Numa noite de meia-lua desenhada no céu escuro e temperatura na medida para o vinho que gravitava em minha cabeça, abri o computador para ouvir as músicas que tinha gravado antes da viagem. Play. Como estava funcionando normalmente numa "frequência" em torno de quinhentos, seiscentos ou mais "watts", de fonte de energia "não identificada" (o bom é que seja assim, não identificada), saí flutuando pela night-nave, sem ponto de partida ou de chegada. Apenas volteando, explorando os sentidos. Nada de *dèjà-vu*. Já vi. Que venha o indefinido, o intrometido. O "sur", over, sobre, sob, under, surrender (render-se). Qualquer coisa que se instale feito um posseiro dentro do meu coração (thank's Chico, o nosso Buarque), dentro de my brain.

No meu limitado arquivo não havia Chico, mas other songs, em inglês, que me levaram a lugares onde não havia passagem para dois. Não no check-in. Talvez on the road (durante), quem sabe no check-out (chegada). Umas das que mais ouvia era Maybe tomorrow ("Talvez Amanhã"), do Stereophonics, que conheci no filme (oscarizado) *Crash* – no limite, de Paul Haggis. Foi paixão à primeira "audição". Antes, só prestava atenção no refrão da música e na intrigante voz roufenha do vocalista e guitarrista, Kelly Jones. Agora, além de ouvi-la, duas, três vezes seguidas, comecei a prestar atenção na letra.

Nova descoberta: estudar English seriamente jogou um facho de luz na minha ignorância acerca das letras estrangeiras (lyrics, in English) que tinha ouvido e me deleitado, acriticamente, durante uma vida. Yeah, it was true (sim, era verdade). Passei a prestar atenção e a pesquisar no dicionário as músicas preferidas.

Um novo horizonte se abriu. O conhecimento da lyric pode instalar de vez ou exterminar uma música de nossa vida. Não foi o caso de Maybee tomorrow, que continua na minha hit parade. A letra não me tocou, especialmente, mas foi bom conhecê-la.

Maybe tomorrow – Stereophonics

I've been down
and I'm wondering why
these little black clouds
keep walking around with me, with me
waste time and I'd rather be high
think I'll walk me outside
and buy a rainbow smile...
but be free, they're all free

Eu tenho estado pra baixo
e estou querendo saber por que
essas pequenas nuvens negras

continuam circulando à minha volta, à minha volta
perco tempo e eu preferiria estar doido
penso em ir caminhar lá fora
e comprar um sorriso de arco-íris
mas ser livre
todos são livres

(chorus – refrão)

So maybe tomorrow I'll find my way home
So maybe tomorrow I'll find my way home

Então, talvez amanhã eu encontre meu caminho para casa
Então, talvez amanhã eu encontre meu caminho para casa

I look around at a beautifiul life
I've been the upper side of down
been the inside of out
but we breathe
we breathe

Eu olho ao redor para uma vida bela
eu tenho estado no fundo do poço
estado fora de mim
mas nós respiramos
nós respiramos

(chorus)

I wanna a breeze in an open mind
I wanna swim in the ocean
wanna take my time for me, all free

Eu quero uma brisa em uma mente aberta
Eu quero nadar no oceano
Quero meu tempo para mim, todo livre

(chorus)

So maybe tomorrow I'll find my way home
So maybe tomorrow I'll find my way home

Então, talvez amanhã eu encontre meu caminho para casa
Então, talvez amanhã eu encontre meu caminho para casa

Nada mais distante da minha realidade, naquele momento. My open mind (mente aberta), meu tempo livre para voar, respirar, sabendo que a casa e o caminho variam conforme o tempo, o sonho, a caminhada. Além do mais, um rainbow smile, em libras esterlinas, devia custar "os olhos da cara" (só para matar a saudade de uma expressão brasileiríssima).

CAPÍTULO CINCO

Paixão pelos erros

Teacher C. explicava. Teacher C. reexplicava. Teacher C. orientava. Teacher C. fazia chamada todos os dias, não só pela formalidade, mas pelas perguntas acopladas: "How are you?" Se era numa sexta-feira, ele perguntava: "What do you intend to do in the weekend?" (O que você pretende fazer no fim de semana?). Se era numa segunda: "What did you do in the weekend? (O que você fez no fim de semana?). Assim, já começávamos as aulas "esquentando" o English, treinando vocabulário e diálogos.

However (no entanto), mais que tudo, Teacher C. estava ali. Não era uma porção, nem metade, nem "um quarto", como sentimos em outros profissionais (não só professores). Ele estava cem por cento ali, todos os dias, com um smile espontâneo, desarmado, um jeito único de amarfanhar o parco cabelo enquanto pensava ou argumentava, uma disposição para repetir explicações, refletir e debater qualquer assunto, a não se esquivar de nenhuma pergunta.

Mesmo quando o tema era polêmico – ou principalmente nessas horas –, como na discussão sobre o "big brother" britânico: as milhares de câmeras de tevê instaladas nas ruas, em todas as cidades, em todo o país, para prevenir possíveis "imprevistos". Teacher C. ouvia os alunos e depois se posicionava. No caso, ele era contra a invasão de privacidade, os "olhos" perscrutando o cotidiano dos cidadãos permanentemente. Mas reconhecia que muitos britânicos eram a favor, daí a manutenção dos eletronic eyes. Debates como este faziam parte das aulas. Felizmente. Democraticamente.

Teacher C. era um ser à vontade no mundo. Não um ser do Primeiro Mundo. Mas de todos os mundos. Gostava de gente, de viajar, de idiomas, de culturas, de histórias, de ler, de fazer contato, de se comunicar. My goodness, a... "comunicação" que fluía de sua soft mouth (boca macia), quase escondida pelo bigode sob medida... Aqueles lábios úmidos, rosados (mesmo com clima seco), definitivamente, sabiam o que estavam dizendo. Não o que estariam causando.

Articulados a um elegante corpo de cerca de um metro e oitenta, calça comprida escura, quase sempre de veludo, blusa de manga comprida por vezes dobrada no antebraço, bota de sola grossa, pequenos óculos para longe, que lhe cabiam muito bem, wow, gosh, hush, whoops... Fim da aula. Como? O quê? "Ei, Catiá" (como costumavam me chamar), the class finished (a aula acabou), alguém me acordou, pedindo licença. "Oh, I'm sorry", respondi, dando passagem.

Teacher C. saiu da sala, guardei o material e lembrei que era hora de meu capuccino soft, but not "mouth". Desci devagar, meio aérea, quase fui atropelada na escada, vaguei procurando a fila do café e...

— Catiááá, I'm miserable! — abalroou-me a voz aflita de R., enquanto eu ainda tentava descobrir minha fila, e minha razão.

— What? — balbuciei, assustada, diante da expressão de horror de minha amiga.

— I'm miserable, do you know what this is? — decretou, agoniada. (Eu sou uma infeliz, você sabe o que isso quer dizer?)

— I think so. Did you do something... bad? — arrisquei, imaginando do que se tratava. (Acho que sim. Você fez alguma coisa... ruim?)

Ela me olhou com uma expressão de quem não sabia se pedia colo ou socorro. Tentei both (ambos).

— Well... did you do it? — argui, com cuidado, lembrando que ela tinha me falado que sairia com M., o italiano, na noite anterior. (Bem... aconteceu?)

— Oh, no, I'm miserable, I couldn't, do you understand me? — derramou-se em culpa. (Ah, não, sou uma infeliz, eu não poderia, você me entende?)

— Ah, the guilt, because of your boyfriend. (Ah, a culpa, por causa de seu namorado.)

— No! It's not because of him, it's because of me, you understand me? I never did it before and I'm completely bad — interrompeu-me, em desespero. (Não! Isso não é por ele, isso é por mim, você me entende? Eu nunca fiz isso antes e estou muito mal.)

As lágrimas escorriam pelo seu rosto tenso, embaçaram os óculos de grau e a visão crítica do que estava vivendo. Ou sentindo.

— I want to cry, to cry — disse-me, em tom de súplica. (Eu quero chorar, chorar.)

— Yes, it's good. You have to cry and, then, you'll be better — respondi, enquanto a abraçava. (Sim, isso é bom. Você deve chorar e, depois, vai se sentir melhor.)

— And, now, I don't know what to I do, what I think, I'm miserable! — repetia, aos prantos. (E, agora, eu não sei o que eu faço, o que eu sinto, sou uma infeliz!)

— Please, R., don't be so hard on yourself. You don't... how can I say... (Por favor, R., não seja tão dura consigo mesma. Você não... como posso dizer...)

Tentei organizar uma frase inteira, que fosse coerente, mesmo que com erros, in English.

— You couldn't to imagine these feelings, this situation, neither him. Is difficult to rationalize about that now, but you are not a miserable, you're a human being and it happens with someone — repliquei, em tom afetuoso, tentando trazê-la à realidade. (Você não poderia imaginar esses sentimentos, essa situação, nem ele. É difícil racionalizar isso agora, mas você não é uma infeliz, você é um ser humano e isso pode acontecer com qualquer um.)

Fim do intervalo, combinamos um novo encontro no almoço. Voltei para a sala, comovida, quase cúmplice da agonia de minha amiga, tão sincera, tão transparente, como não me identificar com o drama de R.? Depois da última aula da manhã, desci rápido para pegar o início da fila, me servi (macarrão, carne moída e salada), R. comprou um sanduíche natural e nos sentamos no pátio externo. Estava frio, mas nada que suavizasse o inferno pessoal de my dear classmate. O que fazer, nessas horas, a não ser ouvir, ajudar a pensar, e atuar como "bombeira"?

A conversa prosseguiu, com novos elementos. Um pouco mais calma, e também mais triste, R. abriu o coração. Estava com medo de acabar um relacionamento de seis anos e se perguntava como uma pessoa que ama alguém pode ficar com outra. Bem, exemplos não faltavam. Lembrei-me imediatamente de dois casos, para dizer que nem sempre os sentimentos são claros e que é possível ficar dividido entre duas pessoas, pois que a humanidade é pródiga (bem, não usei exatamente este termo in English) em situações do gênero. E arrematei, com certa grandiloquência para quem não domina a língua: "This is a great mistery of the relationships." (Este é o grande mistério dos relacionamentos.)

Inconsolável, R. pediu licença para ir ao toilet. Despite the difficult situation (apesar da situação difícil – adorei o despite!), constatei que estava conseguindo me expressar num diálogo complexo for my level (para meu nível), ainda que as construções das frases não fossem perfeitas. E não eram. It doesn't matter (Não tem problema). Seguia the wise advices (os sábios conselhos) de Teacher C. O importante era praticar, me comunicar como pudesse. Por falar nele, meu pensamento voou como passarinho solto. Precisava decidir se colocaria em ação o "diabólico" plano que tinha traçado (delirado?) na noite anterior, avaliar os prós e contras e... R. voltou, com uma atitude diferente.

A essa altura, rendida à realidade, ela disse que precisava fazer uma revelação. Não foi fácil contar que já vinha tendo problemas com o "namorido" e que se perguntava se ainda sentia atração por ele. Mais do que isso, ela abriu de vez o coração quando confidenciou, num misto de prazer e dor, que nunca havia beijado tanto, e com tal prazer, como na véspera. Não precisou falar mais nada.

— Wow, my friend, now you're talking about another thing — interrompi, com ênfase no another. (Ah, minha amiga, agora você está falando sobre outras coisas.)

E comecei minha sessão para extinção do incêndio... da culpa. Disse que, diante do ocorrido na noite anterior, ela havia comparado os dois (M. e o "namorido") e que, naquela situação, M. levou a melhor, o que obviamente abalou a relação duradoura. Afinal, o italiano era a novidade, e, pelo visto, uma "deliciosa" novidade. Outra questão que abordei: a aventura em Oxford poderia ser um sinal de que sua relação estaria abalada?

Cada vez mais triste e exausta, R. concordou com um leve balançar de cabeça. Disse que ela precisava descansar, relaxar, se possível dormir, pois tinha passado a noite praticamente em claro. E também porque, at night (à noite), haveria uma comemoração para os alunos mais "maduros" do curso (não me lembro do termo usado no folheto do convite, mas significava algo como "mais maduros"), num badalado pub no centro de Oxford.

R. concordou nos abraçamos longamente, ela me deu um beijo carinhoso. Eu a fiz prometer que iria dormir, parar de se martirizar for a few hours (por algum tempo). Daquele jeito, nem aproveitaria a aula da tarde. Ela concordou e foi embora, cabisbaixa. Fiquei pensando em como podemos ser tão cruéis conosco, com nossos desejos e ambivalências. Este ou aquele. Isto ou aquilo. Mas a vida não é multicolor? Não. Tem horas que queremos ou achamos que tem de ser PB (preto e branco). Por isso dói mais ainda.

DESMITIFICANDO...

De maneira geral, nós, human beings (seres humanos), somos aqueles que reclamamos, respiramos, reclamamos, trabalhamos, reclamamos, rimos, and... make complaints (fazemos reclamações). Do you complain, também?

I complain
You complain
He/she/it complains
We complain
They complain

Yeah, they complain, they have complained (eles reclamam, eles têm reclamado). Se o mundo é reclamão por natureza, por que os alunos daqui não seriam? Alguns se queixavam até do que ouviram falar. Do que imaginaram, mas não confirmaram. Do que gostariam, mas não decifraram. O importante, ou o vício, era reclamar. Assim na Terra como no curso.

Se não acontece um fato "extraordinário", reclama-se. O "ordinário" não satisfaz, porque é o corriqueiro, o comum. Extraordinário é o excepcional, o anormal, que se espera de uma experiência abroad, é o que se percebe aqui. Mas a questão vai além de um mero jogo de palavras. Como – e o que – cada um é capaz de enxergar, de acordo com suas fantasias e miopias? Não é intrigante saber que muita gente conhece várias "Oxfords", vários "cursos", ao longo da vida, sem se dar conta?

Aqui, lá ou acolá, o que há de fascinante na vida é a percepção das experiências excepcionais ou comuns, vividas ou "reclamadas". Viajar, estudar, conhecer outras culturas, é ou não é excepcional? H., a jovem e bela russa, gerente de banco, era simpática e, como tantos alunos, gostava de complain about some teachers, de dizer que "não estava aprendendo como imaginava". À noite, ela costumava sair com outras meninas russas, mais novas que ela e as mais bonitas da escola. Na hora do almoço e nos intervalos, também estava sempre com elas.

As horas em que a via mais empolgada não eram exatamente dentro da class room. Ou até eram, mas quando acabava a aula de vocabulary e ela puxava assunto com the handsome teacher from Escocia (o bonito professor escocês), olhos verdes, corpo escultural e, como se não bastasse, um ótimo profissional. But, married (mas, casado). Em seu último dia na escola, ela não hesitou em me entregar a máquina para tirar uma foto abraçada ao handsome. Nenhum problema, de ordem moral e cívica. Mas, pelo que suspirava H. quando veio para Oxford?

Outro reclamador contumaz, também simpático, engraçado e desconfiado – o líbio de 28 anos que ganhou apelido de "The President" porque era assumidamente ambicioso em relação à futura carreira e ao sucesso financeiro –, chegou a abandonar o curso "para procurar outro melhor". Uma semana depois, lá estava ele. Pensei que estivesse de visita, mas ele disse que não tinha encontrado nada "melhor". Pelo contrário, o "nosso" curso foi elogiado por gente de fora e ele voltou a se matricular e a frequentar as aulas. Até dominava razoavelmente a fala, mas "era péssimo em gramática", como dizia. Ele por acaso estudava grammar nos intervalos ou em suas horas livres? Respondia com uma sonora e irônica gargalhada. O que imaginava The President quando veio para Oxford?

A constatação imediata: quando estão num curso abroad, as pessoas alimentam a fantasia de que vão aprender o idioma por "osmose", ou apenas por assistir às aulas e fazer um ou outro exercício, ter algumas conversas no idioma escolhido. Big mistake (grande erro). Provavelmente o maior de todos, que era sempre combatido por Teacher C. Ele sempre falava, com uma coerência cristalina:

> Minha responsabilidade é explicar, explicar, tantas vezes quantas forem necessárias. Mas, quando saem da aula, a responsabilidade é toda de vocês. Têm de falar, ler, falar, praticar. Se não fizerem isso, não vão aprender, ou vão demorar a aprender. Não acredito em homework (trabalho de casa). Passo os exercícios e apenas dois ou três fazem. Por isso eu digo que vocês é que têm de trabalhar duro para aprender o idioma. Nos intervalos, leiam, estudem, conversem em inglês. Saindo da escola, se virem! Vocês têm de amar seus erros, eles são seus melhores amigos, porque são eles que vão levá-los a querer melhorar. Vocês estão rindo? Mas isso é a mais absoluta verdade: amem seus erros que vocês estarão no bom caminho.

Fato inesperado: vir aprender um idioma e ouvir um professor (ou melhor, "o" professor) nos aconselhar a amar nossos erros. Perfect. Extraordinary.

No domingo, com um friozinho gostoso, aproveitei para levantar às 11 horas. Ouvi uma voz diferente lá embaixo, numa conversa com mummy. Desci e ela me apresentou o novo brother, um turco de seus 40 anos, baixo, rechonchudo e very, very curious (muito, muito curioso). Do tipo "autêntico", que pergunta tudo o que vem à cabeça, sem constrangimento.

Simpático e polite, chamava mummy formalmente de Ms. C. Há duas semanas em Oxford, ele vinha de outra homestay, com um punhado de reclamações: a casa não tinha chuveiro (só banheira), as pessoas não conversavam, e, além disso, ele não estava empolgado com o curso, as aulas, com nada. "Não era o que esperava", reclamou ele.

C. logo avisou que havia chuveiro na "nossa" casa, e eu me apressei a dizer que "muita conversa também", o que ele respondeu com um sorriso de satisfação. Era engenheiro, solteiro e vivia para trabalhar, não tinha tempo "nem para namorar", afirmou, sob o olhar duvidoso de mummy.

Nosso new brother contou que pretendia aprimorar o inglês em Oxford. Conseguia se comunicar razoavelmente, mas esbarrava na gramática e na fluência. Fora a pronúncia, wow! Até mummy tinha dificuldade de entender the Turkish accent (o sotaque turco). Depois do "autorretrato", ele enveredou por perguntas sobre a cidade, o país, a economia, o intercâmbio e até, para nossa surpresa, em saber quanto mum and daddy ganhavam de cada estudante. C. deu um leve sorriso irônico e respondeu: "Muitos menos do que você poderia imaginar".

Quando ele insistiu, perguntando se o negócio valia a pena, brother S. chegou para tomar café. C. perguntou o que ele queria comer e eu aproveitei "a deixa" para dizer que ele era the favourite son (o filho favorito) of mum. S. soltou a risada gostosa, mummy sorriu – já que não poderia negar –, mas dei um jeito de salvar minha pele, lembrando, ou "estabelecendo", que eu era a favorita de daddy, my translator, who always helped me in difficult situations (meu tradutor, que sempre me salvava nas situações difíceis). A gargalhada de daddy soou como uma aprovação que me aqueceu o peito.

À tarde, cada um foi cuidar de suas atividades. À noite, quando nos reencontramos, fiquei imaginando qual seria o tema do "interrogatório" de our Turkish brother durante o jantar. Mum caprichou no cardápio dominical: quiche de peixe (delicious), salada verde com molho de queijo e pão com pasta de tomate. Brother M. não conhecia nada, pediu um pouco de tudo. Comeu, mas não se empolgou, e nem quis repetir, o que eu e brother S. fizemos com prazer.

No final, a surpresa preparada por mummy: uma sobremesa ainda quentinha, um pudding (pronuncia-se "púdim"), que nada mais era do que uma versão inglesa do nosso arroz-doce, ou algo parecido. Rejubilei-me! Brother M. olhou a compota com desconfiança. Aceitou provar, mas parou na primeira colherada. Mummy perguntou o que tinha achado e ele, com a sinceridade usual, disse que não tinha gostado. Que parecia a "papinha" que as mães davam aos bebês na Turquia (equivalente ao nosso mingau). Mummy comentou, com argúcia, que "quem dera as mães inglesas ainda dessem papinha aos filhos, em vez da comida industrializada".

Quando ela fez menção de tirar o prato de M., ele a impediu, explicando que era the garbage (uma "lixeira"), porque "nunca deixava nada no prato". Rimos muito da autodefinição, enquanto ele comia o pudding. Dali em diante, ele virou o Garbage. E comportou-se muito bem durante o jantar, sem tocar em assuntos espinhosos. Pelo menos até A., a filha mais nova de mummy and daddy, chegar, dar boa-noite a todos e abraçar a mãe, agradecendo o presente que tinha dado à neta: uma viagem à Austrália, sonho antigo da bonita e simpática filha de A., que trabalhava como atendente em uma academia de ginástica de Oxford.

Aí foi demais para Garbage. Ele interrompeu a comemoração para perguntar, com assombro, se a jovem já tinha "autorização" dos pais para viajar para um lugar "tão distante da família e tão diferente". Num primeiro momento, pensei que fosse brincadeira. Creio que mummy também. Mas a expressão séria do turco não deixou margem para dúvidas. Vendo que o assunto se estenderia, dei um jeito de sair de fininho, e mummy fez o mesmo. Enquanto subia a escada para me refugiar em meu quarto, ouvi A. explicar, com a maior paciência, que a filha já tinha 23 anos, era independente, que iria trabalhar na Austrália... e fechei a porta do quarto.

Coloquei a roupa de dormir, deitei-me na cama macia, liguei meu computador-rádio e... divaguei. A diversidade do human being. Somos um e somos tantos, em razão de nossas culturas, escolhas, genes. Seja na valorização de bebês do sexo masculino, seja numa mera papinha.

O TERCEIRO MICO FOI... HILARIOUS

No dia seguinte, acordei mais cedo, para evitar a queue do banheiro. Afinal, eram dois brothers novamente na casa. Talvez tenha demorado um pouco mais do que o habitual, não sei, mas ao abrir a porta do banheiro, lá estavam meus brothers, parados em pé na penumbra do corredor. Nos primeiros décimos ou milésimos de segundos, achei graça na postura competitiva de "quem vai ser o próximo?".

Só então me dei conta de que eles continuavam paralisados me olhando, e eu estava de short e camiseta de dormir! Daqueles que ninguém pode ver, muito menos dois brothers de costumes tão diferentes. O quase grito veio em português, enquanto me escudei na porta entreaberta.

— Vocês não podem me ver assim, estou com roupa de dormir!

E os dois lá, paralisados, feito duas estátuas, até que "Táico" e "Ticou" acordaram.

— Turn off — ordenei, no susto, sem me lembrar do "please", pardon, essas coisas.

Como duas marionetes, os dois se viraram imediatamente de costas, eu corri para o quarto e fechei a porta. Fiquei algum tempo pasma, mas depois caí na risada. Inacreditável. Cena de comédia pastelão. Com timing (ritmo) perfeito. Curioso notar que, na hora do "desespero", o que veio foi o português. Poderia ter sido pior. Algumas vezes saí do banheiro de toalha ou de blusa de dormir, apressada e arriscadamente. Naquele dia, saí direto. Que imprudência... hilarious (hilária). Depois que passou. Evidentemente.

Well, well, noite dos adults e middle-aged students (alunos adultos e de... "meia-idade") no badalado pub no centro da cidade. Eu raramente saía depois do jantar, não só por que passava o dia todo na rua, mas também para cumprir meus deveres noturnos. Também não era fácil sair à noite, caminhar no frio intenso até a bus station, esperar o ônibus e depois ter de fazer tudo de novo na volta.

Naquele dia, já que se tratava de um special happening promovido pela escola, faria o "sacrifício" de me produzir para sair. Combinei com R., minha amiga dilacerada por dois amores, de nos encontrarmos no pub, às 21h. Depois de descansar à tarde, quem sabe ela estaria melhor, less miserable (menos infeliz).

Cheguei quase pontualmente, às 21h08. Entrei no pub lotado, circulei entre grupos e mais grupos de men and women, e não vi nenhum conhecido. Fui para a porta, acendi um cigarro e fiquei observando o movimento da friday night (noite de sexta). Descobri uma Oxford arisca, muito policiada, que não existia à luz do dia. Transpirava como megalópole, com suas insinuações e ameaças, nos pubs lotados, nas atitudes transgressoras de jovens, nos grupos de etnias diversas que caminhavam ("malandravam"?) sem rumo. Era outra Oxford, nada estudantil ou inocente.

Eu navegava na onda da noite quando alguém chegou por trás e... slap, me deu um beijo estalado na bochecha. Só não me assustei porque sabia que era minha amiga, mas jamais a imaginaria com aquele sorriso feliz, felicíssimo, resolvidíssimo, na companhia do igualmente alegre M., o italiano. Gosh! O que era água e azeite virou café com leite. Unbelievable.

Não pude conter o ar de surpresa, ela riu de orelha a orelha e os dois se abraçaram feito crianças, ele a balançou no ar, e ambos riram do meu ar apatetado. Quando foi pousada no chão, R. me deu um abraço apertado, agradeceu pelas conversas naquele dia e disse que estava bem melhor, ao que respondi, rindo: "You don't need to tell me that". (Você não precisa me dizer isso).

Abraçados como namorados, eles tinham de aproveitar the last night together (a última noite juntos). Avisei que o "pub is too full for a couple on honeymoon". (o pub está cheio demais para um casal em lua de mel.) Eles deram uma gargalhada cúmplice e eu os mandei embora. "Go, go, go, don't worry about me" (Vão, vão, vão, não se preocupem comigo), disse eu, empurrando-os e lembrando que eles tinham mais o que fazer. Com certeza, a partida de M. acabou definindo a mudança de R. Era agora ou nunca.

Ela optou pelo agora. Ou foi "optada" por ele, tal a atração que eletrizou os dois.

Abraçamo-nos, despedi-me de M. e entrei novamente no pub. Encontrei os colegas num canto que tinha me passado despercebido. Sentei-me onde havia lugar, entre três brasileiras, uma delas recém-chegada. Jovem, 27 anos, tinha pedido demissão do emprego no Brasil para passar pelo menos seis meses estudando inglês em Oxford, para atingir um grau de proficiência na língua. Determinada e comunicativa, ela estava feliz com a mudança e um tanto decidida quanto a seu futuro "idiomático" e profissional. Essa não estava ali para reclamar.

Outra brasileira, de seus 30 e poucos anos, iria embora no dia seguinte, depois de quatro semanas de curso, e reclamou, reclamou, reclamou. Disse que esperava sair "falando mais fluentemente", mas eu lembrei que a via o tempo todo com os brasileiros, e que acabou não treinando o inglês como poderia. Ela não ficou muito convencida do argumento, fazer o quê? Às 11h30, um grupo se levantou para ir embora, e fui junto. Estava de bom tamanho. Além do que, o frio intenso da noite tendia a aumentar e como eu ainda teria de pegar outro ônibus (meu verdão não circulava àquela hora), não me arriscaria a perdê-lo de jeito nenhum.

Encolhida no casacão, enroscada no cachecol de lã e as mãos enfiadas nos bolsos, entrei no nirvana quando sentei na poltrona confortável do ônibus. Não tinha sentido tanto frio, até então. Ainda teria a caminhada de quase dez minutos e um vento implacável entre a estação e minha casa. O tempo implacável, que corria contra mim...

A decisão inapelável, inadiável... às vésperas da última semana de curso. Nem sabia se ele era solteiro, só vi que não usava aliança. Teria namorada? Probably. Certainly. Como não?

Wathever (de qualquer forma), quais seriam as opções? Convidá-lo para uma beer? Escrever uma espécie de intimate dictation (ditado íntimo), com frases "personalizadas", em todos os tempos verbais que ele nos ensinou? Era a alternativa mais criativa. Em casa, escrevi o esboço de my strange dictation, até me dar sono. Aí fiz como Scarlet (a Ohara): "Penso amanhã."

DESMITIFICANDO...

Desde a primeira semana, ouvimos C. falar de um exame que faria num hospital pelo plano de saúde. Só na terceira semana é que soubemos do que se tratava: um problema no rim que o deixou num tamanho maior que o normal. C. tinha pressa de descobrir o que era porque, como disse um dia, "poderia ter uma bomba-relógio" dentro dela. Daí a preocupação, que nós, brothers, passamos a compartilhar com a família. Ela estava esperando pelo exame há três meses.

No dia marcado, todos na expectativa, conversamos sobre o assunto no breakfast, perguntei se estava bem, ela disse que sim. Na saída, despedi-me com uma peck, desejando boa sorte. Mum agradeceu. Estava ansiosa, embora fosse muito racional, controlada

Quando voltei, à noitinha, fui direto à cozinha para saber como tinha sido. My brothers já estavam. Ela me olhou fixo, suspirou e disse, entre irônica e decepcionada, que não tinha feito o exame porque a máquina não estava funcionando. Falou mais algumas coisas que não entendi direito, mas uma delas deu para entender perfeitamente: ela faria o exame por conta própria, e era caríssimo, "como tudo na Inglaterra, porque não esperaria mais para fazer pelo plano de saúde", desabafou. Teria de pesquisar um novo local e encontrar um médico particular.

Nós — o turco, o sérvio e eu — ficamos pasmos, sem saber o que dizer. Afinal, o "Primeiro" tem seus momentos de "Terceiro Mundo". Em libras esterlinas.

CAPÍTULO SEIS

Alameda Alma, see you

Reta final in Oxford. Acordei mais pesada, ou, pesarosa. Durante semanas, vi muitos colegas partindo e me sentia aliviada por não ser um deles. Agora, era minha a reta que apontava na direção da exit (saída). E eu hesitando entre entregar my dictation ou fazer alguma outra coisa, na primeira aula de segunda-feira.

Fui pensando no assunto, no busão. Cheguei à escola curiosa para ver se minha *práxis* estaria de acordo com o discurso que fiz a mim mesma, durante todo o final de semana: por que não? Bem que tentei ser "pró-ativa", mas entrei na sala sem me decidir por nenhuma alternativa. And, the worst (o pior): C. não estava. Nem viria. Mr. Trovão, a postos, não soube ou não quis dizer por que o titular não foi.

Rapadura é doce, mas não é mole. Como seria a expressão in English? Foi o único pensamento que me ocorreu naquele momento... histórico. Minha decisão ficou para o dia seguinte, o que não sabia se era bom ou ruim.

Na manhã de terça, demorei mais para escolher a roupa, passei uma leve maquiagem, fui novamente meditando no busão, cheguei ansiosa, entrei na sala e... Mr. Trovão again?

♂ ش ♀ # ה Щ خ # @*

No way! (De jeito nenhum!) Teacher C., que nunca se atrasava, faltando à segunda aula seguida, sem que a direção explicasse o motivo? No primeiro intervalo, falei com os colegas que iria conversar com o diretor, até porque tinha outro assunto a tratar com ele. No segundo intervalo, encontrei-o no corredor, perguntei se poderíamos conversar e ele me levou, imediatamente, à sala da direção. Nem me preocupei em não ser entendida, não só pela disponibilidade e facilidade de entender o inglês do director, como, por incrível que parecesse, por já me sentir à vontade para "errar".

Comecei dizendo que Teacher C. não aparecia há dois dias e que ninguém tinha nos dado uma explicação "oficial", lembrando que ele era o quarto professor (principal) de nossa turma em cinco semanas. Ponderei que as constantes mudanças de professores prejudicavam o andamento da matéria, o aproveitamento da turma, ainda mais com a repetição de alguns assuntos quando chegavam os novos alunos. Ele deu uma pesquisada no computador, pediu desculpa pela troca de professores – embora considerasse favorável aos alunos ter contato com diferentes estilos de ensino – e explicou que não poderia "segurar" na escola os professores não contratados, que preferiam não ter vínculo empregatício com a empresa.

Depois, disse que Teacher C. estava resolvendo problemas particulares e que provavelmente viria no dia seguinte. Agradeci as informações e sugeri que a direção comunicasse aos alunos os motivos das trocas constantes e outros procedimentos que ficavam sem explicação. Ele respondeu com uma apology (pedido de desculpas) e reconheceu a falha da direção nesse aspecto.

Em seguida, eu disse que precisava conversar sobre another subject (outro assunto). Ele me olhou, sério e curioso. Falei que estava em Oxford por dois motivos: estudar inglês e escrever um livro contando a experiência de uma estrangeira que frequenta um curso intensivo no exterior sem dominar o idioma. Expliquei como nasceu a ideia do projeto, que foi submetido e aprovado pela editora que tinha publicado meu último livro no Brasil. E, o mais importante: que não citaria nomes (inclusive o da escola) nem identificaria pessoas no meu relato. Estava interessada na experiência em si, na relação com pessoas do mundo todo, com professores e com a escola, na observação do cotidiano, dentro e fora da instituição, no aprendizado, nas dificuldades e vantagens, no esquema de homestay etc.

Disse que precisava falar do projeto para ele, para a direção, por uma questão de foro íntimo, uma necessidade de esclarecer o que vários colegas já sabiam e vinham me perguntar: se era verdade que escreveria "um livro sobre o curso". Quando eu dizia que o livro seria sobre a experiência como um todo, eles ficavam curiosos e até ansiosos em saber quando seria publicado, inclusive os colegas estrangeiros. Em resumo: falei que não gostaria que a direção fosse surpreendida, um dia, por um livro feito por uma pessoa que frequentou e contou sua vivência na escola, mesmo sem revelar nomes.

Confesso que esperava por uma atitude relutante ou de desconfiança do director, mas o que veio foi um simpático agradecimento pela sinceridade e um desejo de boa sorte para meu trabalho. Tive, enfim, minha chance de dizer a bela palavra: Appreciate (agradeço). E acrescentar: "I have had a pleasing and interesting experience in Oxford." (Eu tenho tido uma experiência feliz e interessante em Oxford). Ele sorriu, nos despedimos com um aperto de mão e me encaminhei para a aula de vocabulário com a sensação de dever cumprido — com minha consciência. E também animada pela possibilidade de rever Teacher C. no dia seguinte, embora a referência aos "problemas particulares" tenha acendido a luz amarela da intuição feminina.

Fui tomar meu capuccino e encontrei minha best friend, R., na fila. Nos abraçamos, como sempre, e ela se pôs a lamentar a falta de notícias do italiano, dois dias depois da despedida. "Não me mandou nem um e-mail", queixou-se, decepcionada. Olhei-a com carinho. O que falar nessa situação? Tinha muita coisa em que pensar, e a fazer. Naquela semana, responderia ao questionário de avaliação do curso, teria meu teste final e receberia o "diploma", com nota, no último dia de aula, das mãos de my teacher. Gosh. Minha indecisão nas mãos de soft mouth... Como tomar as rédeas da situação?

Perguntando. De outra forma. Yeah, good idea! Por que não fazer an interview (uma entrevista) com ele, aproveitando sua farta experiência como professor de cursos para estrangeiros, há oito anos? Melhor "reconhecimento do terreno" não haveria. Em todos os sentidos. Batido o martelo. Faria uma pauta com as perguntas, mais tarde, em casa

Entrei, empolgada e atrasada, na pequena class de vocabulary, que estava cheia. Sentei-me ao lado de dois asiáticos que não conhecia. À primeira vista, impossível saber se eram chineses ou japoneses. O que eu sabia é que um grupo grande de chineses havia chegado na semana anterior e J., my Chinese friend, se bandeou para a tribo deles. Quase não o via mais, até porque ele tinha mudado de turma. Em duas ocasiões, tentei descobrir o motivo da mudança, mas não entendi a explicação. Fiquei na dúvida se era porque ele mesmo não tinha compreendido, ou se era – ainda – nossa dificuldade de "diálogo", inversamente proporcional à facilidade da comunicação por tapinhas e tapões, que também cessou.

J. voltou às origens. E continuou reclamão. Nas poucas vezes em que nos falamos, ele continuava se queixando da falta que sentia de seu país, de sua rotina. Na véspera de minha partida, dei uma "carinhosa" (in fact, nem tão 'carinhosa' assim...) bronca por ele não aproveitar a temporada abroad. Ele riu, como sempre, e assumiu que só ficaria os nove meses porque precisava aprender o idioma. E disse que estava fumando mais. Só que, agora, era um cigarro mais barato, que ele me mostrou. Pudera, o maço que comprava antes custava uns cinco pounds (cerca de vinte reais). Este custava pouco menos de quatro pounds. Well, a ansiedade de my friend custava caro. Não só dele. Era comum ver muitos alunos from Ásia fumando na área externa da escola.

Voltando à vocabulary class, the excellent Scotish teacher (professor escocês) fazia o estilo oposto ao de my Chinese friend: era totally atheletic (atlético). Ele entrou na sala, cumprimentou a turma e escreveu no quadro duas expressões inglesas muito usadas: look like, que diz respeito ao físico, à aparência de uma pessoa; e is like, que se refere à personalidade, ao caráter. Em seguida veio o exercício em dupla: teríamos de fazer perguntas ao colega, e também respondê-las, usando is like. Descobri que meu colega, K., era um universitário sul-coreano de 20 anos, tímido, que botava a mão em concha na boca quando falava (como se já não fosse difícil a gente se entender sem isso...). Toda hora eu tinha de interrompê-lo, excuse me, pardon, e perguntar o que havia dito, ainda mais com o barulho das duplas falando na sala.

Pensei se seria um problema nos dentes, ou quem sabe no estômago. K. era simpático, atento, educadíssimo, e logo me senti "ocidentalmente" à vontade. A situação ficou mais complicada – para ele – quando o professor pediu que definíssemos nosso próprio temperamento. Sentindo o constrangimento de my classmate, me soltei de vez. Eu disse que "chutava as canelas de meus adversários quando jogava futebol na infância" (na realidade, disse algo como "eu machucava as pernas de meus adversários"), que tinha "gênio forte", mas que depois me descobri uma faladora "até simpática". Ele entendeu e se divertiu, divididíssimo entre a vontade de rir livremente e o hábito de tapar a boca. Com o tempo, ele foi se soltando, falando mais, rindo mais, e concluí que o costume deveria ser um gesto de educação, ainda mais quando se fala muito próximo a alguém. Numa sala pequena, com as cadeiras coladas, K. tomava sua precaução. Creio eu.

No final da aula, já estávamos batendo papo, contando nossas atividades em nossos países. A partir dali, quando nos cruzavamos no refeitório ou numa sala, nos cumprimentávamos com um sorriso aberto, cúmplice. Mais uma vez, Ocidente e Oriente se complementavam em suas diferenças e estabeleciam a diversidade singular do planeta Oxford.

DA SÉRIE "PARA BRASILEIRO VER" (E INGLÊS NÃO SABER)

1. Na primeira semana in my homestay, fui fumar um cigarro na janela, à noite. Só que ele caiu da minha mão antes de acendê-lo e pousou no deque de madeira, onde mummy C. lia jornal de manhã quando o tempo permitia.

No dia seguinte, no breakfast, ela chegou até mim, com o cigarro na mão: "One subject". (Um assunto, disse). E me pediu para não fumar em casa porque daddy não gostava etc. e tal. Sim, claro, concordei, embarrassed. But, num dia de exaustão, em que eu estava aborrecida e o frio lá fora era desalentador, abri duas janelas e fiquei quase do lado de fora para pitar um cigarro. Também já tinha visto que as filhas de C. fumavam na sala de televisão, à noite, quando vinham visitar os pais.

Terminado o cigarro, me preparei para arremessá-lo além do muro da casa, levei o braço lá atrás e zuuum... lancei a guimba como um petardo, que mal passou de um sopro, bateu no muro e caiu no deque. Senti-me a pior das infratoras, seria castigada na manhã seguinte. Que bobagem eu fui fazer! Não me conformava.

Desci para desfazer a cena do crime, mas não encontrei as chaves das duas portas que davam para o quintal. Subi ainda mais tensa e mal consegui dormir naquela noite, imaginando a bronca que levaria no day after.

Acordei antes de todos e C. já estava na cozinha. Prendi a respiração, até perceber que ela ainda não tinha ido lá fora. Eis que veio a ideia salvadora. Subi, peguei minha máquina (digo, da minha filha), desci e pedi para fotografar o "jardim interno". Mummy prontamente concordou, abriu a porta da cozinha e eu corri na frente, ela veio atrás, vi a guimba adiante e pisei em cima, enquanto procurava o ângulo melhor para fotografar. Quando ela saiu, peguei a guimba e a enfiei no bolso do casaco, aliviadíssima. Entrei na cozinha até mais leve, pouco me importando se o objeto algo abjeto deixaria cheiro ruim na minha roupa. Estava salva, SALVA! E culpada. Ainda.

2. Como se não bastasse, antes de sair para a escola, supercarregada com a bolsa pesada e o computador nas costas, coloquei a garrafa de vinho vazia na mochila para deixá-la na lixeira da cozinha. Desci a escada e, papo vai, papo vem, só me lembrei da garrafa quando senti a bolsa mais pesada, no caminho para a bus station.

Fui procurando uma garbage can (lixeira) pelo caminho, nas ruas adjacentes, e nada. Será que esse povo não tinha lixo para jogar na rua? Antes de entrar no subway (túnel) que atravessava a London Road, fui tomada pelo sentimento subversor da véspera. Não iria com a garrafa até a escola. Nem a jogaria na garbage can da estação, na frente de um monte de gente.

So (então), restou-me a ideia salvadora (II): deixá-la no gramado próximo à entrada da estação, que, diga-se de passagem, não era nenhum modelo de limpeza. Olhei para todos os lados, não vinha ninguém, tirei o "peso extra" da bolsa e o depositei ao pé de uma árvore. Ninguém passou, nem de bicicleta. Saí aliviada (e meio culpada, de novo).

Segui caminhando e pensando no meu ato, até me ocupar com outros pensamentos, já dentro do busão. Ou melhor, com o anúncio que se desvelava em letras garrafais diante de meus olhos incredulamente brasileiros: uma propaganda esclarecia a necessidade do "aborto seguro", que deveria ser feito em clínicas especializadas e adequadas ao procedimento. Fiquei lendo e relendo aquilo que me pareceu, e de fato era, de outro mundo.

Na volta da escola, à noitinha, reparei que a garrafa continuava no mesmo lugar. E ali ficou durante dias, para minha surpresa. Se o serviço de refuse collector (lixeiro) demorava tanto, eu não ia mais ficar com peso na consciência. Muito pelo contrário. Diverti-me com a possibilidade de um brasileiro passar por ali, ver a garrafa e achar que poderia ser um "despacho". Se bem me lembro, quando vim embora meu "despacho" continuava lá.

3. Em minha last week, fui às compras, ideia que não me seduzia nem um pouco quando colegas me convidavam para este programa. Não estava lá para isso. Ademais, iria comprar apenas presentes para a família.

Quando desci do quarto, já pronta para sair, daddy subia a escada com um antiquíssimo e pesadíssimo aspirador para limpar o segundo andar, depois de ter aspirado o primeiro. As manhãs de sábado, para eles, eram de faxina. Tentei ajudá-lo, ele não deixou. Fiz cara de zangada e perguntei o que diria para minha mãe quando ela soubesse que não os ajudei nas tarefas domésticas. Ele parou, deu o sorriso afetuoso de costume e disse: "You say that you're ok". (Você diz que você é ok), respondeu, com o polegar direito para cima. Não concordei muito, mas dei um beijo estalado nele e saí.

No centro, ao me deparar com os preços das lojas (era época de sale), fui descobrindo, boquiaberta, que aquilo era liquidação para valer! Nas badaladas lojas de Oxford (assim como em Londres), era possível comprar roupas, sapatos, acessórios de qualidade por muito pouco — mesmo! Casacos de lã, compridos, estilosos, a partir de quatro libras e cinco pounds; calças de malha deliciosas por duas libras! Blusas de boa malha por uma libra! E todo o tipo de roupa de qualidade oito, dez, quinze libras esterlinas em diante.

Amazing. Exciting. Isso é que é liquidação, e não a embromação feita no Brasil, com descontos de "faz de conta". Na Inglaterra, mesmo em lojas de grife, era possível comprar com quarenta e cinquenta por cento de desconto, ou mais. De enlouquecer qualquer consumidora. E eu, que não pensava em consumir, acabei comprando além do que pretendia, como as duas botas de couro lindas, que me custaram quarenta libras, cada (cerca de 160 reais), quando o preço normal seria o dobro ou o triplo. No Brasil, não compraria modelos assim por menos de quatrocentos reais, cada.

Voltei empacotada — e deslumbrada. Agora, "só" teria de fazer aquilo tudo, mais minha suculenta bagagem de roupas, caber em duas malas e uma maleta. Sendo que uma das malas começava a "abrir o bico" (descosturar), tal o esforço que fez na vinda, coitada.

Enfim, manhã de quarta-feira, na expectativa de rever Teacher C. e tomar uma atitude. Cheguei cinco minutos antes da aula e eis que, pouco depois, ele adentrou a sala com a simpatia, a energia e... the mouth mais suave, rosada e úmida do que nunca. Aproveitei que os colegas ainda não tinham chegado, me aproximei, falei do projeto do livro e pedi a entrevista. Ele ficou empolgado e se prontificou a ajudar no que pudesse. Perguntei se poderia ser no dia seguinte, já que aquela era minha última semana. Ele disse que sim, agradeci e me sentei, totalmente desconcentrada.

Uma dificuldade de prestar atenção na chamada, no diálogo inicial que ele mantinha com cada aluno. Voei longe. "Mordi a língua" – propriamente dita, não do idioma. Mordi feio. Havia comentado na "News from Oxford" que não me interessaria por English citizens, até ser abalroada em plena sala de aula. Que, ironicamente, chamava-se class Rowan Atkinson, the "Mr. Bean". O ator inglês, careteiro e chato (for me), formou-se em engenharia elétrica na Universidade de Oxford (daí a homenagem). Nada inspirador, but...

Finda a apresentação, Teacher recostou-se na mesa e disse que queria explicar a ausência de dois dias, para se justificar e também "em consideração à turma". Proficient. And sensitive (sensível). Porém, o sinal amarelo do dia anterior acionou todos os alarmes de emergência – ou de indigência. Ele começou dizendo que passou os dois dias in London acertando um novo emprego, não por insatisfação na escola em Oxford, ou por qualquer outro problema. Mas por uma questão pessoal: ele se mudaria para Londres por causa da girlfriend e continou explicando... and... I didn't understand very well (Eu não entendi muito bem)... girlfriend? Namorada, noiva, futura mulher? Fui acometida por uma surdez, ou mudez.

E ele, por indisfarçável embriaguês. Animado (eu diria até, feliz), contou que enquanto a girlfriend – uma colombiana que "detestava a comida e o clima ingleses" – morava em Oxford, estava tudo bem. Mas como ela se mudou para a capital, ele decidiu fazer o mesmo. Incentivado pela curiosidade dos alunos, disse que havia passado o final de semana carregando sacolas e mais sacolas das compras que ela – a girlfriend, noiva, futura mulher – fez, aproveitando a liquidação de outono. Óqui, óqui, eu já tinha ouvido o suficiente, mas ele estava empolgado, falou, falou, e, no final da conversa, elogiou o professor substituto, anunciou que já tinha conversado com o diretor e que provavelmente começaria na nova escola na semana seguinte.

Corta (como em vídeo, ou filmes, eis a única solução para o desfecho de certas cenas)! Finalmente, o início da aula. Teacher C. tirou dúvidas sobre tempos verbais com a paciência e o didatismo de sempre. Explicou tudo daquela maneira que só ele sabe fazer. Lembrou os alunos de pegarem books na library (biblioteca) da escola porque precisavam treinar a leitura. Eu havia pegado *The portrait of Dorian Gray* (*O retrato de Dorian Gray*), de Oscar Wilde, na semana anterior, e quando mostrei a ele, percebi pela expressão que tinha ido além de minhas possibilidades. Estava pleno de razão. Precisei ler e reler duas, três vezes, o primeiro capítulo, até entender parte do texto. Não era para mim, ainda. Teacher dizia que se o aluno não souber pelo menos dez palavras numa página é porque o livro ainda está em um nível acima de suas condições.

Corta. Intervalo. Não desci para meu capuccino. Fiquei conversando com meu novo colega, um jovem árabe, gorducho, bem moreno, calado e sempre de boné. Ele "se virava" bem em conversação e prestava atenção nas aulas. Não estava ali a passeio. Era a segunda vez que eu me sentava ao lado dele e puxava conversa. Gostava de fazer isso com quem ainda estava deslocado. Ele contou que ficaria nove meses na Inglaterra e que pretendia estudar medicina em seu país. Olhei para as anotações dele, na língua natal, e foi como olhar o caderno de my Chinese friend. Nessa hora, precisando de alguma novidade, pedi que ele escrevesse meu nome em árabe, o que ele fez com a maior boa vontade. Adorei.

Claro que, quando meus colegas voltaram, mostrei meu "troféu", e a confusão se estabeleceu. Todas as meninas (franca maioria) pediram o mesmo, e ele, pacientemente, escreveu para todas. Teacher C. chegou em meio à bagunça, alguém explicou o acontecido e ele ficou fazendo umas anotações até our Arab classmate (nosso colega árabe) terminar. Um triunfo. Daquele dia em diante, passaram a vê-lo de outra maneira. Como era bom isso! Ver que os "diferentes" poderiam se destacar, se enturmar.

Difícil seria eu me enturmar com Teacher. No final da aula, mantive o plano e perguntei onde, e a que horas, seria the interview (a entrevista). Ele marcou para o dia seguinte, na hora do lunch, no pátio externo da escola. Agradeci e saí meio (totalmente) atordoada. Interview at school? Em pleno pátio, na hora mais movimentada do dia? Cheguei ao refeitório lotado, barulhento, entrei na fila, peguei meu prato, almocei e fiquei por ali. Não tive paciência para a aula seguinte, no ILAB.

No refeitório finalmente vazio, me larguei feito uma boneca de pano na cadeira, até meu amigo S., iraniano, se aproximar e dizer que eu estava com um "olhar triste". Respondi com um sorriso salgado. Ele se sentou, preocupado, e eu disse: "Keep cool, I will tell you" (Fique tranquilo, eu vou te contar). So, falei de "my excellent, intelligent and very, very, very charming Teacher C. But, he's "occupied". (mas, ele está "ocupado"), acrescentei, brincando.

— Whaaaat? — estranhou my friend.

— He's "occupied" because he has a girlfriend and he's going to live in London with her. (Ele está "ocupado" porque ele tem uma namorada e está indo morar em Londres com ela.)

Arrematei com uma cena: "Oh, God, he has a girlfriend", dramatizei propositalmente, o que fez meu colega cair na gargalhada e ver que nem tudo estava perdido.

— Don't worry, in fifteen minutes you'll be all right — me animou, pousando as mãos sobre as minhas. (Não se preocupe, em quinze minutos você estará bem.)

Demorou um pouco mais. Depois da última aula, senti necessidade de sair caminhando, o tempo estava ótimo, sem vento, frio ameno, céu azul, parques repletos de gente ao sol, e minh'alma congelada. Até chegar ao centro, sacar a máquina da bolsa, fotografar detalhes que não me passavam mais despercebidos, até entrar no The Turf Tavern (o pub do século XII) para aquecer a temperatura interna. Saí uma hora e duas doses depois, "no ponto" para me deliciar with the best smell and flavour of Oxford (com o melhor cheiro e sabor de Oxford).

Naquela noite, jantei só com mum and daddy. My brothers saíram. Não sei se pelas emoções do meu dia, ou pelo evidente cansaço de my parents após quatro semanas de trabalho diário com seus hóspedes, a conversa foi mais íntima.

Falamos de relações familiares, de filhos e pais. A conversa tomou um rumo tão delicado que contei a história de meu pai, extrovertido, amoroso, companheiro, e da depressão que o roubou de nós (minha mãe, meu irmão e eu), da vida. Falei do medo "daquela doença" cujo nome nem ousava dizer, falei da saudade, das minhas conversas com ele em sonhos, nos muitos sonhos em que procuro ansiosamente seu carinho, seu colo, alguma resposta, pois sei que ele vai embora, que ele está de passagem, e... caí num choro doído, saudoso.

Mum and daddy me ouviram com lágrimas nos olhos. Depois que desabafei, não sei por quê, pedi desculpa. Os dois falaram, quase ao mesmo tempo, que eu não tinha de me desculpar, "as pessoas choram quando precisam". Agradeci, emocionada. E assim subi para o quarto. Precisava descansar, apagar. Emoção demais cansa. Melhor me embalar no canto familiar dos "meus" passarinhos noturnos, notívagos... será que cantavam in English?

Levantei cedo, cheia de disposição. Era o dia da interview, que me interessava profissionalmente, independentemente de outros fatores. De qualquer forma, queria apresentar uma boa imagem com o figurino previamente escolhido: vestido lilás, meia-calça cinza-claro e bota cinza, com casacão e echarpe pretos. Mummy reparou na elegance. I liked. (Eu gostei). Ela me mostrou a roupinha de bebê que tinha comprado para um sobrinho recém-nascido. "Very nice" (muito bonita), eu falei, com entusiasmo. Ela contou que o bebê tinha recebido o nome do pai dela, numa homenagem do sobrinho, e... caiu no choro, contido, enternecido. Depois de secar as lágrimas, ela me olhou com ternura.

— Yesterday, you cried because of your father. Today, I'm crying for mine — extravasou, com suavidade. (Ontem você chorou por seu pai. Hoje, estou chorando pelo meu.)

Yeah. Há momentos e situações em que todos, sejamos de onde formos, falamos a mesma língua. Thanks God, thanks life.

Isso também tinha acontecido na inesquecível tarde de despedida de minha amiga israelense, R., dias antes, quando passeamos de braços dados e corações apertados pelas ruas mágicas de Oxford.

No primeiro tempo, eu e uma colega que também sairia naquela semana respondemos ao questionário de avaliação de ensino, nos computadores do ILAB. O curso era sério, organizado, e tinha professores excelentes e medianos, como em qualquer escola do gênero. Para mim – e para muitos, provavelmente a maioria –, o diferencial era o de estar em outro país, falando e pensando o idioma diariamente, durante semanas (ou meses), com professores estrangeiros.

Foi isso, essencialmente, que quebrou o "muro invisível" na minha relação com o English: perdi a cerimônia, o pudor, a reverência com o idioma. Essa foi a mais importante das mudanças. E também a consciência de que a ansiedade de "aprender rápido" é a maior inimiga do aprendizado.

O fato de estar ouvindo a língua diariamente, estudando-a e praticando, *in loco*, me deu a sensação – real – de que sabia mais. Ou melhor, me permitiu ousar, arriscar mais, acertar e errar sem ter vergonha. Como se desbloqueasse o "lado britânico" de meu cérebro. Actually (na realidade), fiquei meio metidinha. Passei a tentar entender letras de músicas e textos variados, me arrisquei nos diálogos (e paguei muitos micos, é verdade), puxei conversas com cidadãos ingleses, dei opiniões, formulei conceitos, enfim, me senti como um avião – ou um jatinho – decolando rumo ao destino desejado. (Até voltar para casa e levar vários "rasantes" da filha adolescente que, além da irreverência típica da idade, fez o curso completo de inglês – mas isso já é outra história.)

Well, mesmo "me achando" (nem tanto, nem tanto...), nunca poderia imaginar o resultado da prova de nivelamento que fiz num tradicional curso de inglês, assim que voltei ao Rio. Passei para o nível pós-intermediário, o que jamais teria acontecido sem as cinco semanas em Oxford (onde cursei o pré-intermediário, ou seja, dois níveis abaixo). Entrei no curso uma semana depois de voltar de Oxford, no início de novembro, and consegui avançar um nível – tirei 5,8 na prova escrita, e 7,0 na oral. Média 6,4. Precisava de no mínimo 6,0 para passar. Unbelievable... or not?

Enfim, a hora do almoço. Obviously (obviamente), eu não estava com um pingo de fome. Desci até o pátio externo, Teacher C. wasn't there (não estava lá). Fui à sala dos professores, pedi para o chamarem, ele veio logo, disse "come on" (vamos lá) e seguimos por entre grupos de alunos até finalmente nos sentarmos em uma mesa desocupada.

Fazia sol e frio, foi o pouco que reparei naquele momento... indefinível. Não sei se por mim, por ele, ou pelos dois, não estávamos exactly (exatamente) à vontade. Melhor perguntar logo o que ele achava dos chamados "course in progress", que trabalham no esquema de novos alunos toda semana.

Ele respondeu que este tipo de curso é uma boa oportunidade para que o estudante aprenda o idioma em outro país e fique o tempo que quiser, desde que seja por no mínimo duas semanas (no caso deste, e também de muitos do gênero). Disse que a maioria dos alunos fica por três meses e que "vem gente do mundo todo, de todas as idades". Mais jovens do que adultos, mas este público (adultos) vem aumentando, acrescentou.

Teacher C. acredita que a presença de adultos e jovens nas turmas é enriquecedora para todos porque envolve diferenças de ideias, atitudes e experiências. Os adultos "normalmente têm mais motivação e uma ideia melhor do que querem, enquanto os jovens precisam de estabilidade e confiança para se sentirem confortáveis", explicou. Estudar e morar fora "é uma ótima experiência para o desenvolvimento dos jovens", acredita. Quando se sentem à vontade, "eles se integram com mais facilidade e conquistam the necessary confidence by yourself" (a autoconfiança necessária). Há também os que vão para sair, passear, frequentar pubs, "mas não são maioria".

Perguntei se existem muitas diferenças entre estudantes de continentes diferentes e ele disse que sim. Os europeus entendem bem o inglês, normalmente já estudaram a língua antes, são motivados para os exames nas universidades, "mas eles falam e perguntam muito menos que espanhóis e latino-americanos", pontuou. Teacher gosta dos latinos (incluindo os brasileiros) porque são "the more self-confidents" (os mais autoconfiantes). Isso significa "que falam mais, perguntam mais, se interessam mais e aproveitam melhor o curso". Os asiáticos (vindos do Japão, China e Coreia, principalmente) são "very quiet" (muito quietos), disse ele.

De fato, foi o que vi em sala de aula durante as cinco semanas. Espanhóis, italianos e latino-americanos falantes, perguntadores, brincalhões. Europeus que sabiam mais e faziam um estilo cool (mais reservado). E asiáticos que, sem dúvida, eram mais calados, mas sempre atentos e bem-equipados, com seus dicionários eletrônicos e laptops de última geração.

Olhei para minha pauta e vi teacher C. dar um bocejo. Mortal. Ou sugestivo. Sono ou timidez? Um bocejo pode ser tanta coisa...

– Ok, C., thank you, very, very much! – achei por bem encerrar, com ênfase no agradecimento.

– Welcome – respondeu, polidamente. (Não há de quê.)

Tomei coragem e...

– C., you're an excellent teacher! (C., você é um excelente professor!)

– Oh, Cátia, you embarrassed me. (Cátia, você me embaraçou.)

– Oh, no, I don't want to embarrass you. It's true, it's absolutelly true . (Eu não quero envergonhá-lo. É verdade, isso é absolutamente verdadeiro.)

– You have to tell this to my boss – brincou ele. (Você deve dizer isso para meu chefe.)

– I did. Last week, I talked with H., the director assistant, about the many changes of teachers in our class and I asked her to keep you with us – emendei, de primeira. (Eu disse. Na semana passada, falei com H., a assistente do diretor, sobre as mudanças de professores em nossa turma e pedi para mantê-lo conosco.)

– And what did she say? – quis saber, bastante curioso. (E o que ela falou?)

– She said the direction tries to respect the wishes of students. But, now, you're leaving to London... (Ela disse que a direção tenta respeitar o desejo dos estudantes. Mas, agora, você está se mudando para Londres...)

— Ok, Cátia, thank you! – agradeceu, um tanto surpreso e satisfeito.

— No teacher, I appreciate, because you have been a gift for me, for my classmates — desembestei, sem me conter. (Não, professor, eu que agradeço, porque você tem sido um presente para mim, para meus colegas.)

Ele sorriu, mais embarrassed do que nunca. Nesse momento mais "pessoal" do diálogo, me senti na obrigação de me explicar, sem margem de erro. Foi quando surgiu o "portunhol", num diálogo "mix" que me veio a calhar.

— You're a good teacher because... bueno, tu sabes enseñar muy bien el inglés e, principalmente, sabes los conceptos que envolvem el aprendizado. Yo penso que tu tenes una idea mayor, general, cerca de enseñanza, de tu profesión — continuei, desembestada. (Você é m bom professor porque... bem, você sabe ensinar inglês muito bem e, principalmente, sabe os conceitos que envolvem o aprendizado. Eu acho que você tem uma ideia maior, mais abrangente, da sua profissão.)

— Gracias, tú és muy gentil.

— And you have... una cosa muy importante: el carisma, me entendes? — prossegui, no mix, porque não sabia dizer "carisma" in English. (E você tem... uma coisa muito importante: o carisma, entende?)

— Si, carisma és mucho importante para un profesor — concordou, entre "embaraçado" e interessado no que ouvia.

— E eso és una cosa difícil de se encontrar em um profesional. Tu consegues dominar a turma, enseñar e, al mismo tiempo, motivá-la — hablei, digo, falei, com toda a sinceridade de aluna e de "mujer".

Arrematei com o que seria impensável em épocas mais remotas, ou, more young (mais jovem):

— You're an adorable teacher and a good person. E yo deseo que sejas muy feliz em tu nueva vida. (Você é um professor adorável e uma ótima pessoa. E eu desejo que seja muito feliz em sua nova vida.)

— Cátia, thank you for your opinions. You're a good student. Go ahead! — despediu-se, ruborizado, ou seria impressão minha? (Cátia, obrigado por suas opiniões. Você é uma boa estudante. Vá em frente!)

Não tive o desembaraço de fazer como minha colega russa com o Scottish teacher: dar dois beijos e pedir para alguém tirar uma foto com ele. Já o tinha fotografado na sala, com os alunos, dando aula. Peguei minhas coisas, me levantei e me despedi com um típico cumprimento inglês: "See you" (Vejo você). E saí, rumo a não sei onde.

Fui andando, pensando, conversando, discutindo com a mulher, a menina, a estudante abroad, a aluna de Teacher C., entre outras vozes não identificadas, tentando me resignar com as palavras que não tive a coragem de pronunciar. Com o convite que não tive a ousadia de fazer.

Todas falavam ao mesmo tempo, eu não conseguia ouvi-las, entendê-las, a mulher e a estudante abroad não aceitavam a falta de intrepidez, a menina e a aluna rebatiam que foram até onde puderam. Da entrevista e da agradável convivência, restaram uma certeza e uma dúvida.

A certeza: Teacher C. era a expressão mais que perfeita de uma palavra sonora, fascinante, expressiva: connection. Sinônimo de "correspondence, interface, relation". Em português: "ligação, coerência, relação entre as partes de um todo, que se pertencem, necessariamente, umas às outras".

A dúvida: o que ele responderia ao convite, às palavras "impetuosas"? Nisso, as "quatro" concordaram: "We never know". (Nós nunca saberemos.) The end.

Sexta-feira, último dia de aula. Manhã nublada, café da manhã com gosto de festa para S., my brother, que fazia 24 anos. Cumprimentos, fotos, sorrisos e sausages (salchichas), sua refeição preferida no breakfast. And the best wishes (os melhores desejos) de que ele tivesse sucesso como executivo e futuro presidente da empresa do pai, ou como presidente da República da Sérvia e Montenegro no futuro, como ele tinha nos revelado.

S. saiu em seguida para a escola. Garbage foi pegar o material para a primeira aula particular com a neta de mummy and daddy. Preocupado em aproveitar ao máximo a temporada em Oxford, ele propôs que a moça lhe desse um reforço em gramática, não sem antes pesquisar meticulosamente os preços das aulas particulares.

Não sei quanto custou o pacote de três ou quatro aulas, mas as negociações foram, digamos, intensas. Nada seria diferente, nesta "área", com my Turkish brother (meu irmão turco), ainda mais envolvendo libras esterlinas.

Peguei meu material, mochila e computador, coloquei dois casacos e saí bem antes da primeira aula da manhã para ir caminhando até a escola, pela última vez. Era tudo o que eu queria. O vento assobiava, me descabelava, enrolei o cachecol de lã no pescoço, e segui em frente. Quando passava pela entrada do subway, caíram os primeiros chuviscos. Rendi-me ao bad British weather (mau tempo britânico). Passei pelo subway e quase fui arrastada pelo vento até a estação. No busão, uma menininha loura, de touca de lã, me olhou com curiosidade, arrisquei uma brincadeira, uma caretinha, mas eu estava nublada como a cidade.

Saltei do busão green e entrei pela última vez na minha querida e íntima Pullens Lane, a longa rua arborizada que leva à escola. Chuviscos respingaram em meus olhos encharcados, no chão de cimento desnivelado, esburacado, quase desmoronei, mas mantive a fleugma. Não podia dar vexame, chegar de nariz vermelho, ouvir qualquer pergunta ou comentário que desmontasse meu frágil castelo de torres... góticas, flamejantes, em chamas.

Teacher C. daria as duas últimas aulas na escola, na nossa turma, e entregaria meu diploma. Mesmo nublada, aproveitei meus últimos momentos, tentando, pela segunda ou terceira vez, esclarecer uma questão que me afligia: o sotaque, ou accent. Qual deles deveria usar? O britânico ou o americano? Sim, porque são dois "idiomas" bem diferentes, principalmente para uma novata que sabia que ouviria muito mais o acento americano (em cursos, conversas, filmes etc.) do que o britânico, quando voltasse ao Brasil. E, no entanto, preferia muito a pronúncia do britânico. Mas Teacher reforçou a tese de outros professores: o inglês é uma língua só, em qualquer lugar.

E foi além. Disse que o inglês "é uma língua misturada, recente", e que o British original, mais antigo, veio da Escócia. Antes disso, o idioma oficial era o latim, que só foi substituído pelo inglês no século XV. Portanto, eu não deveria me preocupar com o sotaque, mas em me fazer entender, complementou, desta vez sem me convencer. "Lítô" ou "lírou" (little)? "Dôta" ou "dórer" (daughter)? A dúvida continuou. Cheguei à conclusão de que precisaria de mais tempo – e estudo – para resolvê-la in my mind. Ou para desenvolver my accent.

Fim da aula, das aulas, do curso. Cadê meu diploma? Quem vai entregá-lo? Nobody (ninguém) à vista. Muito menos Teacher C. Fui à sala do diretor, que me perguntou por Teacher. Como não soube dizer onde estava, ele mesmo me entregou, gentilmente, o canudo – na verdade, uma pasta azul, com três folhas. E me desejou, novamente, boa sorte no projeto do livro. Appreciate it, director!

Abri a pasta, curiosa, pois acabei não fazendo o departure test (teste final) – e tampouco questionei o fato, pois um teste não me faria diferença. Sabia que o importante era chegar ao Rio, entrar imediatamente num curso e não sair mais, nunca mais, ou tão cedo. O diploma da escola foi favorável: dizia que meu vocabulário melhorou bastante entre as duas primeiras semanas (cuja avaliação ficou em cinquenta por cento) e as três últimas (cem por cento). A participação em aula foi very good (muito boa), e o Total Attendance (a regularidade, espécie de aproveitamento geral) foi de 93%. Como chegaram a este número "quebrado", não tenho a menor ideia, mas sei que eu estava sempre presente, de corpo, alma e neurônios, mesmo quando alquebrados.

Devidamente diplomada e "escolada", fui almoçar, sem fome. Pretexto para ficar um pouco mais, olhar um pouco mais, sem que percebessem minha presença, quase ausente. Não havia mais o que fazer, haveria o que dizer, mas para quê? Que a partida fosse num repente, sem um último beijo, um último abraço, sem parar na recepção, olhar o refeitório, o prédio, sem olhar para trás, pois que viria uma caminhada – a última – de emoções e lágrimas até o Carfax, no coração do centro da cidade. No centro do meu coração, a cidade.

Comprei presentes para mummy and daddy, os dois gostaram, agradeceram, festejaram, e eu disse que era pouco para o muito que tinha vivido naquela casa, naquela temporada. Levei também uma caixa de chocolate para S., meu brother aniversariante, tiramos mais fotos durante o jantar, trocamos nossos e-mails – S., Garbage e eu – para keep in touch (manter contato), conversamos, rimos, celebramos.

Fui deitar bem cansada e até que não custei a pegar no sono. Ainda bem, pois tinha passado uns dias com dificuldade para dormir, ali pela terceira semana, quando parecia que estava plugada em mil watts. But, pluguei de novo às três e meia da manhã, e não houve mais jeito de pegar no sono. Levantei pouco antes das sete para tomar um bom banho, pois a maratona seria cansativa. Sairia no ônibus das 10h30, que partiria da bus station to Heathrow Airport.

O problema é que o voo para o Brasil só sairia às 7 horas do dia seguinte. O que significava estar no aeroporto às 5 horas da manhã. O que, por sua vez, significava que eu "dormiria" no aeroporto, pois não pegaria táxi às 4 da manhã em Londres, se fosse para algum hotel. Deixaria as malas no aeroporto, pegaria o metrô, passaria o dia em Londres e voltaria à noite. (Só não sabia que me sentiria como o personagem de Tom Hanks no filme *O terminal*, já que não consegui dormir sentada nos bancos, muito menos deitada, como muitos passageiros, e parecia que nunca sairia daquele aeroporto — mas isso é outra história).

Banho e café da manhã tomados, malas na porta, brothers and parents too, mummy C. ainda brincou, carinhosamente:

— Catiááá, no tears! (Cátiá, nada de lágrimas!)

Eu ainda nem estava com vontade de chorar. Me despedi de meus brothers com dois beijos e um abraço, e fiz o mesmo com mummy, prometendo mandar notícias, fotos e um documentário sobre Carmem Miranda, de quem ela era fã. Os homens colocaram as malas no carro de daddy, que me levaria. Tinha de ser ele! Dei a volta, abri a porta do "carona" e deparei com o volante do lado direito (como é difícil acostumar com isso!) e as gargalhadas de todos. Dei novamente a volta e me sentei no lado esquerdo, o do carona. E lá fomos nós, para os breves quatro, cinco minutos que separavam a casa da bus station. Era pouco tempo, melhor que fosse assim.

Chegamos, daddy saltou, me ajudou a tirar as malas e fez menção de me acompanhar. Eu agradeci e disse que não era preciso. Estava a uma gota do inevitável, mas preferi evitar. Nos abraçamos com carinho, dei dois beijos estalados nele e ele disse, emocionado:

— Nice to meet you. You're lovely! (Prazer em te conhecer. Você é encantadora!)

— Oh, daddy, you're lovely! — respondi, com amor, mal me contendo e logo saindo com as malas, mochila e bolsa.

Assim que me virei, liberei a torrente que tinha travado naquela manhã, nas últimas manhãs. Só quando cheguei ao terminal onde pegaria o bus tive coragem de me virar. Daddy ainda estava lá, me dando adeus, fiz o mesmo, ele entrou no carro e se foi. Sentei na mureta da estação e desabei, sem constrangimento. Chorei tanto que quase perdi o ônibus. Quem me salvou foi um dos funcionários da estação, que avisou o motorista sobre mim quando ele já tinha fechado o porta-malas.

Saí correndo, afobada com tantas malas e acessórios (o casacão estava à mão), ajudada pelo friendly funcionário. Reparei no evidente mau humor do motorista por ter de reabrir o porta-malas e, o que pareceu ser o pior para ele: colocar minhas malas lá dentro. Quando ele colocava a última, ouvi um muxoxo, que me fez passar, num átimo, da emoção à irritação e à ação!

– What's the problem? – indaguei, com voz firme, encarando-o.

Ele resmungou coisas ininteligíveis, e minha irritação subiu de tom.

– Your face is boring – foi o que me veio à cabeça, em tom exaltado, antes de entrar no ônibus. (Seu rosto está aborrecido.)

Com a cabeça quente, sentei na primeira poltrona. O motorista entrou, dei meu tíquete, ele o destacou e me entregou. Não agradeci. Que prazer em não ser polite! Ele deu partida no ônibus – e na minha torrente de emoções, que deixei verter até quando secasse naturalmente, o que levou uns quarenta minutos de viagem. Só então me dei conta de que tinha dado minha primeira bronca in English. Ri por dentro, não só disso, como também da possibilidade de o motorista pensar que eu tivesse chorado por conta de nosso desentendimento. It was a joke (Isso era uma piada).

But my days in Oxford weren't a "joke" or funny. They were... unforgettable. (Mas meus dias em Oxford não foram "uma piada" ou engraçados. Foram... inesquecíveis.)

Oxford está amarelando, cada vez mais. E eu, outonando, a cada dia da contagem regressiva. Fico sabendo, por alto, que o mundo está desmoronando no crash econômico, e eu aqui, rachada ao meio. A saudosa tem de ir. A desfolhada resiste à ideia de partir. Flutuo sobre montes de folhas que forram as calçadas da cidade como imensos tapetes coloridos. Estou escurecendo mais cedo. Felizmente há noites de Lua – cheia, minguante, crescente – que trazem um prateado à estação da despedida.

Tem dias que anoiteço outono e amanheço primavera. Vou folhando e desfolhando a cada esquina, a cada vento, a cada reconhecimento. Ruas arborizadas, jardins, parques, silêncios, civilidade, a familiaridade das casas de tijolinhos, lado a lado, todas iguais, que eu conheço desde sempre, desde que as armava no jogo de montar "construções" com peças de madeira, no estilo de tijolinhos e de telhados triangulares, como os daqui. Quantas "Oxfords" meu irmão e eu montamos, num dos nossos brinquedos prediletos da infância!

Mais do que nunca, quero caminhar pela cidade, acariciá-la com meu olhar enamorado, meu coração docemente dolorido, e minh'alma deslumbrada... go, go, go. Lá vai ela, correndo, levitando, no ritmo da saudade antecipada, eu atrás, bufando, derretendo, até que ela finalmente estanca numa transversal da London Road. Me aproximo, lentamente. Diante dela, diante de nós, nosso espanto se desenha numa placa antiga, bonita, que identifica a pequena rua com chão de paralelepípedo e nenhum movimento: Alma Lane (Alameda Alma). Para sempre, nossa.

É certo que uma parte de mim ficará entre Sandhills e o Carfax, no meu busão, na minha estação, nas minhas intermináveis caminhadas in, around, across, Wonderland. E a outra vai comigo, arquivada em minha gratidão, em meu inesgotável afeto pela felicidade que me foi oferecida – e aceitei, de bom grado. Não me despeço. Não sou estrangeira. Intimidade, empatia, pertencimento, não têm nacionalidade. Nem fronteiras.

SEE YOU!

Este livro foi composto na tipologia Rotis Sans Serif,
em corpo 11/15, e impresso em papel off-white 80g/m^2
pelo Sistema Cameron da Distribuidora Record
de Serviços de Imprensa S.A.